辽宁省教育科学"十四五"规划2022年度课题一般项目
"大中小学思政课载体一体化研究"（课题编号：JG22DB361）阶段性研究成果

辽宁省"大中小学思政课一体化建设"专题教学设计丛书

法治中国建设融入大中小学思想政治理论课一体化教学设计案例集

洪晓楠 谢晓娟 胡承波 丛书主编

钱英伟 张卫平 蒋海彬 主编

辽宁人民出版社

图书在版编目（CIP）数据

法治中国建设融入大中小学思想政治理论课一体化教学设计案例集 / 钱英伟，张卫平，蒋海彬主编. -- 沈阳：辽宁人民出版社，2025. 2. --（辽宁省"大中小学思政课一体化建设"专题教学设计丛书 / 洪晓楠，谢晓娟，胡承波主编）. -- ISBN 978-7-205-11441-1

Ⅰ. D64

中国国家版本馆CIP数据核字第2025SL2988号

出版发行：	辽宁人民出版社
	地址：沈阳市和平区十一纬路25号　邮编：110003
	电话：024-23284325（邮　购）　024-23284300（发行部）
	http://www.lnpph.com.cn
印　　刷：	辽宁新华印务有限公司
幅面尺寸：	170mm×240mm
印　　张：	17
字　　数：	269千字
出版时间：	2025年2月第1版
印刷时间：	2025年2月第1次印刷
责任编辑：	贾妙笙
装帧设计：	琥珀视觉
责任校对：	郑　佳
书　　号：	ISBN 978-7-205-11441-1
定　　价：	70.00元

辽宁省"大中小学思政课一体化建设"专题教学设计丛书

- 编委会 -

主　编

洪晓楠　谢晓娟　胡承波

编　委

（以姓氏笔画为序）

于海臣　马其南　王英伟　王明雪　王　建　王智莉

申淑征　刘　飞　刘继东　李洪军　张卫平　金国峰

胡承波　秦　明　袁　佺　贾玉明　钱英伟　徐丽曼

高　亮　蒋海彬　韩　影　谢晓娟　薛　孚

总 序

思想政治理论课是落实立德树人根本任务的关键课程，贯穿了国民教育体系的各学段。习近平总书记在学校思想政治理论课教师座谈会上强调："在大中小学循序渐进、螺旋上升地开设思想政治理论课非常必要，是培养一代又一代社会主义建设者和接班人的重要保障"，提出"统筹推进大中小学思政课一体化建设"。党的二十大报告强调，"推进大中小学思想政治教育一体化建设"。在学校思想政治理论课教师座谈会召开五周年之际，习近平总书记对学校思政课建设作出重要指示，强调"深入推进大中小学思想政治教育一体化建设"。党的二十届三中全会通过的《决定》再次强调"推进大中小学思政课一体化改革创新"。

深入推进大中小学思想政治教育一体化建设，关系到"培养什么人、怎样培养人、为谁培养人"这个教育的根本问题。思政课贯穿人才培养的全过程，推进大中小学思政课一体化建设，是贯彻党的教育方针，肩负起为党育人、为国育才光荣使命的必然要求，是新时代党和国家推动思政课内涵式发展的一项重要部署，是思政课建设的时代要求和内在体现，是提高思政课教学质量及育人水平的必由之路，是落实立德树人根本任务的关键举措。如何针对不同学段学生的身心发展特点，遵循学生认知规律和教育教学规律设计教学内容、选择教学方法，是思政课教师面临的新任务和新挑战。

为进一步深入学习贯彻习近平总书记在学校思想政治理论课教师座谈会上的重要讲话精神，全面落实中共中央办公厅、国务院办公厅印发的《关于深化新时代学校思想政治理论课改革创新的若干意见》以及辽宁省委教育工委、辽宁省教育厅印发的《辽宁省进一步推进大中小学思政课一体化建设的若干举措》等文件精神，扎实推进辽宁省大中小学思政课一体化建设工作，辽宁省高校思想政治理论教育研究会、教育部大中小学思政课一体化共同体（辽宁省）面向全省各学校思政课教师开展了"大中小学思政课一体化建设"专题教学设计案例征集活动。

本次活动设立了九个专题，分别为坚持党的领导、传承中华优秀传统文化、弘扬时代精神、增强制度自信、铸牢中华民族共同体意识、法治中国建设、践行社会主义核心价值观、共筑国家安全防线、推进生态文明建设，大中小学不同学段思政课教师分别就以上专题融入大中小学思政课一体化设计教学案例。辽宁省高校思想政治理论教育研究会将教学设计案例征集活动中的优秀作品编辑出版，形成了辽宁省"大中小学思政课一体化建设"专题教学设计案例系列丛书。本套丛书按照一体化的思路，专题教学设计案例充分尊重各学段的不同特点，既强调各学段符合学生认知特点和教育规律的明显区分度，又强调循序渐进、螺旋上升的有效衔接度。

本套丛书是辽宁省在大中小学思政课一体化建设方面进一步探索与实践的成果，希望可以对广大教师在挖掘思政教育资源，推进大中小学思政课一体化建设等方面起到借鉴作用，为大中小学思政课一体化建设的高质量、内涵式发展作出一定的贡献。

由于时间仓促、水平有限，本套丛书中可能存在一些不足，望同行专家及广大读者批评指正。

2024 年 8 月

目 录

CONTENTS

法律伴我们成长	胡英东 / 1
感受国家宪法日	孙 瑜 / 8
场外"代表"在行动　我与宪法共成长	周佳慧 / 16
生活中的法律	孙特淇 / 23
认识公民与国籍	杨向煜 / 30
我们身边的法律	李剑颖 / 38
远离违法犯罪　做健康少年	张 双 / 48
以宪为纲，依法治国	崔慧敏 / 55
青少年善用法律同违法犯罪做斗争	李 华 / 64
法治之路，我们携手共进	姜 红 / 75
法律渗透在我们的生活中	孟 鹏 / 82
法治让生活更美好	王 婷 / 89
法治建设在路上	高 旭 / 98
婚姻与家庭	张 驰 / 110
做文明守法学生　创美好安全校园	刘晓川 / 119
全面理解法律侵权责任	谢易红 / 129

从《民法典》何以成立法"典"范说起	朱　迪	/ 139
以宪法赋能乡村振兴人才培养	王小一	/ 147
与宪法同行	姜禄禄	/ 158
守护和谐校园之美	张莉莉	/ 168
社会主义法律的特征与运行逻辑	孙　雪	/ 177
法治之本　宪法至上	蒋海彬	/ 187
学法以明道　用法以立身	王元明	/ 202
与法治同行	王雨虹	/ 213
与法同行，筑梦远航	董　蕾	/ 221
坚持法律面前人人平等	刘凌宇	/ 230
守护法治根基：深入理解与践行宪法	张秋实	/ 240
培育大学生坚定走中国特色社会主义法治道路的自信	曲　烽	/ 251

后记　　　　　　　　　　　　　　　　　　　　261

法律伴我们成长

大连市甘井子区千山路小学　胡英东

一、课程基本信息

主讲课程：道德与法治

使用教材版本：人民教育出版社（2019版）

教材章节出处：《道德与法治》六年级上册第四单元《法律保护我们健康成长》第八课《我们受特殊保护》

二、教学设计概述

本教学设计紧密围绕"坚持党的领导"和"与法治同行"两个核心主题展开，设计思路主要体现在以下几个方面：

第一，强调党的领导地位。在教学设计中，我们将党的领导贯穿于整个教学内容和过程中，确保学生在学习中深刻领会党的领导的重要性和必要性，培养学生的政治觉悟和党性修养。

第二，突出法治教育。结合道德与法治课程的特点，我们将法治教育作为本教学设计的重要内容，通过案例分析、情景模拟等方式，帮助学生了解法律的基本知识和法治精神，提高他们的法治意识和法治素养。

第三，注重实践体验。教学设计注重学生的实践体验，通过组织丰富多彩的实践活动，如角色扮演、辩论赛等，让学生在实践中感受法治的力量，增强他们的法治实践能力。

第四，遵循思政教学目标。本教学设计遵循最新版思政课《课标》和《人纲》的要求，紧密围绕不同学段思政课的教学目标进行设计，确保教学内容的深度和广度符合学生的认知发展规律。

三、学情分析

六年级学生正处于身心迅速发展的阶段，他们对于道德与法治的认知开始逐渐深化，对于法律的重要性有了初步的认识。在这一阶段，培养学生对于自我保护和法律的意识显得尤为重要。他们好奇心强，乐于参与活动，但同时也存在认知上的不足和偏差。

在知识储备方面，学生已经积累了一定的道德与法治知识，但对于法律的具体内容、法律对个人权利的保护等方面仍显得较为模糊。此外，学生在日常生活中可能会遇到一些法律问题，但由于缺乏足够的法律知识和意识，往往难以正确处理。

四、教学目标

（一）知识与能力

学生能够理解并识记未成年人受法律特殊保护的相关规定；学生能够了解法律对未成年人权利的具体保护措施。

（二）过程与方法

学生能够初步学会运用法律知识分析生活中的实际问题，特别是在面对侵害时能够采取适当的保护措施；学生能够通过参与课堂讨论和实践活动，提升法治思维和自我保护能力。

（三）情感、态度与价值观

培养学生的法治意识，使其认识到法律是保护自身权利的重要工具；增强学生对党的领导的理解与认同，坚定跟党走的信念；激发学生参与法治实践的积极性，培养学生的公共参与意识和社会责任感。

五、教学重点难点

（一）教学重点

了解未成年人的权利与义务，明确自己作为未成年人在法律上的权利与义务，维护合法权益。

（二）教学难点

深入理解法律知识并运用到实际生活中，形成法治思维和法治意识。

六、教学设计总体思路

本教学设计以"学生为中心"，采用多样化的教学方法，旨在通过生动的课堂活动，激发学生的学习兴趣和积极性。首先，通过情境导入，引导学生进入法律保护的情境，感受法律对个人权利的重要性。其次，运用案例教学法，结合具体案例，让学生分析、讨论，理解法律对未成年人的特殊保护措施。最后，组织学生进行角色扮演、小组讨论等互动活动，让学生在亲身体验中感受法治的力量，提升法治意识。本教学设计注重信息化手段的运用，如利用多媒体课件、法治教育APP等，为学生提供丰富的学习资源，拓宽学习渠道。通过线上线下的有机结合，构建一个多元化、互动性的学习环境，让学生在轻松愉快的氛围中学习法律知识，培养法治素养。

七、教学过程

（一）教学流程设计

环节一：情境导入

教师活动：

1. 多媒体展示与未成年人保护相关的图片和短视频。图片和视频展示孩子们在生活中的各种场景，如在学校学习、在家庭中受到关爱、在社会中受到保护等。

2. 你们知道这些图片或视频中的孩子们受到了哪些法律保护吗？这一问题引发学生的思考和讨论。

学生活动：

1. 学生们全神贯注地观看展示的图片和短视频，从中感受到了未成年人保护的重要性和温暖。

2. 在教师的问题引导下，学生积极思考并踊跃发言，分享自己对于法律保护的认识和看法。

设计意图：情境导入的设计成功地激发了学生的学习兴趣和好奇心。通过观看与未成年人保护相关的图片和短视频，学生们对法律保护有了初步的认识，并产生了进一步了解的欲望。这种好奇心和兴趣为后续的法律知识讲解和法治实践活动奠定了良好的基础，有助于学生更加深入地学习和理解法律对未成年人的特殊保护。

环节二：法律知识讲解

教师活动：

1. 首先以《我们受特殊保护》课文引入，通过PPT或多媒体课件，详细地向学生介绍未成年人保护法律的基本知识和相关规定。PPT中包含了法律条文的解读、法律原则的解释以及法律实施的意义等内容，旨在让学生全面了解未成年人保护法律的基本框架和核心内容。同时，教师还鼓励学生大声朗读其中的重点知识点，以加深记忆和理解。

2. 随后，采用案例分析法，精心挑选几个与未成年人保护相关的典型案例。这些案例既涉及校园欺凌、家庭暴力等社会热点问题，也包括未成年人权益保护、网络安全等法律实践中的典型案例。通过分析案例中的法律问题，学生们深入理解法律对未成年人的特殊保护措施，如家庭保护、学校保护、社会保护和司法保护等。这种以案说法的方式不仅能够增强学生的学习兴趣，也能够提高他们的法律素养和分析问题的能力。

学生活动：紧随教师的引导，翻开课本《我们受特殊保护》，认真听讲，并跟随PPT的展示，一同探索未成年人保护法律的世界。仔细阅读课本内容，聆听教师的讲解，并在必要时记录下重点知识点。

设计意图：通过这一环节的学习，学生不仅能够了解未成年人保护法律的基本知识和相关规定，还能够深刻理解法治精神的重要性。这为后续的法律知识应用和实践打下了坚实的基础，有助于培养学生的法治意识和责任感，让他们在与法治同行的道路上更加坚定和自信。

环节三：法治实践活动

教师活动：首先精心策划和设计一个模拟法庭活动，确保活动流程真实、合法且贴合未成年人保护的实际案件。在活动前，教师为学生准备详尽的法律资料和背景信息，包括相关的法律条文、案例解析以及未成年人保护的法律原则等。教师还为学生提供角色扮演的指导，教授他们如何更好地扮演法官、律师和当事人等角色，以及如何在法庭上进行有效的辩论和陈述。活动设定一起涉及未成年人权益的典型案件，如网络欺凌或家庭虐待等，以此引发学生的深入思考和讨论。

学生活动：在模拟法庭活动中积极投入，按照教师的指导，分别扮演法官、律师、当事人等角色。认真研读法律资料，准备角色所需的材料和陈述。在法庭辩论环节，充分发挥自己的法律知识和辩论技巧，为当事人争取权益，展现出色的法律素养和团队合作精神。

设计意图：设计模拟法庭活动的目的是让学生在实践中学习和应用未成年人保护法律，提高他们的法律素养和实践能力。通过亲身参与法庭审理过程，学生能够更加深入地理解未成年人保护法律的重要性和实际操作，增强他们的法治意识和自我保护能力。同时，通过团队合作和沟通，学生还能够提升自己的沟通协作能力，为未来的法律学习和职业发展打下坚实基础。

环节四：总结提升

教师活动：对本课的学习内容进行总结，强调法律对未成年人的特殊保护的重要性和必要性。随后，引导学生思考如何在日常生活中运用所学的法律知识，保护自己的合法权益。鼓励学生将课堂上学到的知识运用到实际生活中，如遇到欺凌、虐待等违法行为时，要及时向有关部门报告，寻求法律帮助。

学生活动：在教师的引导下，积极参与讨论，分享自己在日常生活中运用法律知识保护自己的经历。通过学习本课，理解法律对未成年人的特殊保护作用，学会遇到问题时运用法律知识维护自己的权益，做到知法守法，维护社会公平正义。

设计意图：本课的学习和总结，旨在让学生深刻理解法律对未成年人的特殊保护的重要性和必要性。引导学生将所学法律知识运用到日常生活中，不仅能够增强他们的自我保护能力，还能培养他们的法治意识和责任感。同

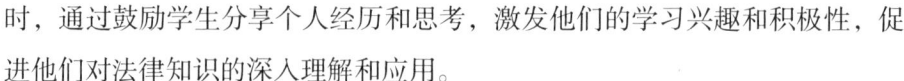

时，通过鼓励学生分享个人经历和思考，激发他们的学习兴趣和积极性，促进他们对法律知识的深入理解和应用。

环节五：课后拓展

教师活动：布置课后拓展任务，要求学生利用课余时间收集与未成年人保护相关的新闻或案例，并进行分析和评价。鼓励学生将所学知识运用到实际生活中，积极参与法治实践活动，如参加学校的模拟法庭、法律援助等活动。

学生活动：完成课后拓展任务，收集相关资料并进行分析和评价。积极参与法治实践活动，将所学知识运用到实际生活中。

设计意图：通过课后拓展任务，进一步巩固和拓展学生的法律知识，培养他们的法治意识和实践能力。同时，也为学生提供更多的学习资源和平台，促进他们的全面发展。

（二）课堂小结

教师将对本课的学习内容进行简要回顾和总结，强调法律对未成年人的特殊保护的重要性和必要性；同时引导学生思考如何在日常生活中运用所学的法律知识，保护自己的合法权益。

（三）作业设计

1. 思考与讨论。鼓励学生结合自己的生活实际，思考并讨论在日常生活中可能遇到的与未成年人保护相关的问题，如何运用所学法律知识来维护自己的权益。

2. 创作分享。鼓励学生以绘画、作文、短视频等形式，创作与未成年人保护主题相关的作品，并在班级群或课堂上进行分享，以此增强对法律知识的理解和应用能力。

（四）参考资料

［1］《中华人民共和国未成年人保护法》，2020年。

［2］《未成年人保护法宣传》，https://v.qq.com/x/page/p3270ix4wgb.html。

［3］最高人民法院：《最高人民法院关于发布第40批指导性案例的通知》（指导性案例225-229号），2024年。

八、教学总结与反思

本次教学《我们受特殊保护》课程，整体上取得了预期的效果。通过情境导入、法律知识讲解、法治实践活动以及作业设计等多个环节，学生对未成年人保护法律有了更加全面和深入的了解。他们在模拟法庭活动中积极参与，展现出了良好的法律素养和团队合作精神。同时，作业设计也让学生们有机会将所学知识应用到实际生活中，增强了他们的法治意识和自我保护能力。

在教学过程中也存在一些不足。例如，部分学生在理解和应用法律知识时还存在一定的困难，需要更多的指导和帮助。此外，课堂互动和讨论环节也有待加强，以激发学生的主动性和创造性。

在未来的教学中，我将继续优化教学内容和方法，注重学生的个体差异和需求，加强课堂互动和讨论，以更好地培养学生的法治意识和自我保护能力。同时，我也会不断反思和改进自己的教学方法，努力提升教学质量和效果。

感受国家宪法日

大连旅顺经济开发区中心小学　孙　瑜

一、课程基本信息

主讲课程： 道德与法治

使用教材版本： 人民教育出版社（2019版）

教材章节出处： 《道德与法治》六年级上册第一单元《我们的守护者》第二课《宪法是根本法》

二、教学设计概述

为了落实政治认同、道德修养、法治观念、健全人格、责任意识的核心素养，本课设计了"宪法初印象""走进国家宪法日""宪法与我"三个活动环节，使学生明确宪法概念，了解设立宪法日的原因与意义，并联系生活实际，引导学生讨论按照宪法的要求去做，体会宪法与自身的关系，感受宪法对人们生活的影响。并通过本课的学习，能够积极参与国家宪法日活动，了解宪法常识，培养宪法意识，明白宪法是根本法，具有最高法律效力，保障公民的基本权利。理解公民认真学习宪法、自觉遵守宪法的必要性，履行公民基本义务，维护宪法权威。

三、学情分析

小学六年级的学生对生活的感受和理解更多是建立在直观感受的基础之上。宪法作为国家的根本大法，内容具有高度的概括性和抽象性。所以理解宪法的精神对学生来说不是一件容易的事情。学生对宪法精神的理解，不是来自对宪法原文的直接领悟，而是建立在举例类比、亲自观察的基础之上。《小学道德与法治新课程标准》要求学生初步了解宪法，知道宪法是国家根本法，社会主义制度是中华人民共和国根本制度。若以抽象了解为主的学习方式，则会冲淡学生的学习热情，因此教师必须立足学生的心理特点和思维特点，尽量少用理论性的语言，多以激发学生自身参与的生活经验，以及深入浅出的道理和故事帮助学生理解问题。因此在初步了解宪法的基础上，尽管对知识的理解并不充分的情况下，学生也能借助以往的经验构筑起尊重宪法权威的意识，学生的这种认知能力为学好本课题的内容奠定了心理基础。

四、教学目标

（一）知识与能力

结合"12·4"国家宪法日，了解宪法的主要内容，知道宪法是国家根本大法、社会主义制度是中华人民共和国根本制度。初步了解公民的基本权利和义务，树立权利和义务相统一的观念。

（二）过程与方法

通过学宪法、讲宪法等活动，知道宪法具有最高法律效力，保障公民的基本权利，感受宪法对社会和生活的重要性，形成初步的宪法意识。

（三）情感、态度与价值观

能够积极参与到宪法日活动中，理解公民认真学习宪法、自觉遵守宪法的必要性，并在日常生活中自觉学习宪法、弘扬宪法精神，维护宪法权威。

五、教学重点难点

（一）教学重点

了解宪法的主要内容，知道宪法是国家根本大法、社会主义制度是中华人民共和国根本制度。知道宪法具有最高法律效力，保障公民的基本权利，感受宪法对社会和生活的重要性，初步形成宪法意识。

（二）教学难点

能够积极参与到宪法日活动中，理解公民认真学习宪法、自觉遵守宪法的必要性，并在日常生活中自觉学习宪法、弘扬宪法精神，维护宪法权威。

六、教学设计总体思路

本节课通过"宪法初印象""走进国家宪法日""宪法与我"三个活动环节，使学生明确宪法概念，了解设立宪法日的原因与意义，并联系生活实际，体会宪法与自身的关系，感受宪法对人们生活的影响。在"宪法初印象"中，学生通过搜集资料的自主探究方式，明确宪法概念，了解设立宪法日的原因与意义；并通过"走进国家宪法日"观察了解身边不同人宣传宪法日的方式，观看宪法修订历史的视频，体会宪法与我们的生活和我们国家之间的主要联系。"宪法与我"则激发学生已有的生活经验，联系生活实际，体会宪法与自身的关系，感受宪法对人们生活的影响，引导学生按照宪法的要求去做，履行公民的基本义务，遵守宪法，维护宪法。

七、教学过程

（一）教学流程设计

环节一："宪法初印象"

教师活动：

1. 同学们，在上课前老师想先来考考大家，你们知道每年的12月4日是什么日子吗？

2. 下面我们一起来看个视频，去了解一下国家宪法日。

3. 感受国家宪法日就是我们这节课所学的内容。在课前，老师搜集了同学们关于国家宪法日想要了解的内容，大致整理为以下几个问题，谁来读一读？

4. 这些问题都非常值得研究，大家以小组为单位，选择自己最感兴趣的问题搜集了材料，现在就请把整理好的内容和观点在小组内说一说吧！

学生活动：

1. 举手发言。

2. 观看宪法视频，了解宪法基本内容。

3. 朗读问题：宪法是什么？为什么要设立国家宪法日？宪法日为什么设立在12月4日？宪法日会开展哪些活动？宪法日与我们的生活有什么关系？

4. 小组交流，并随机汇报。

（1）从资料中可以了解到社会主义制度是中华人民共和国的根本制度，中华人民共和国的一切权利属于人民。而《中华人民共和国宪法》是国家的根本法，是制定其他法律的基础和依据，具有最高的法律效力、法律权威、法律地位，是国家治国安邦的总章程。

（2）生1：设立宪法日是为了让大家都了解宪法、尊重宪法、崇尚宪法。

生2：设立宪法日是由宪法重要的地位和作用决定的。同时也是为了让大家都学习宪法，遵守宪法。

生3：设立宪法日是保障公民权利和依法治国的必然要求，也是提升人民法治意识和观念的需要。

设计意图：课前搜集资料的准备活动，一方面可以让学生了解宪法以及宪法日的有关内容，另一方面也可让学生通过自主探究的方式锻炼与他人沟通交流、自主学习的能力。通过搜集图片、视频等多种形式，调动学生积极学习宪法知识的热情与兴趣。

环节二："走进国家宪法日"

教师活动：

1. 了解了为什么要设立宪法日，我们继续探讨"国家宪法日为什么要定在12月4日呢？"

2. 出示中国人大网国家宪法日专题网页图片。（图片内容：1982年12月4日，第五届全国人民代表大会第五次会议通过了现行的《中华人民共和国宪法》。自2001年起，12月4日一直是全国法制宣传日，2014年11月1日第十二届全国人民代表大会常务委员会第一次会议决定：将12月4日设立为国家宪法日。）

这段话中有两个重要的信息，你发现了吗？（横线标记，12月4日既是现行宪法的颁布日，也是全国法制宣传日。）

3. 从搜集到的资料中，我们明白了宪法日设立在 12 月 4 日的原因，因为它是现行宪法的颁布日，也是全国法制宣传日。因此 12 月 4 日具有十分重要的意义。那有了对宪法一定的了解，你还想知道和宪法有关的哪些问题呢？

4. 播放宪法修订历史视频。从视频当中，你都了解到了什么？

5. 我们了解到宪法的多次修订都和我们的国情有关，保障了人民的幸福生活，为国家发展指明了方向，所以宪法对于我们来说非常的重要。那么在宪法日这一天，都会开展什么活动呢？哪个小组的同学能够带着我们进一步了解宪法日、感受宪法日，一起寻找答案？

6. 出示习近平总书记向宪法宣誓的图片。同学们，除了国家公职人员需要向宪法宣誓以外，2018 年的 3 月 17 日，十三届全国人大一次会议宪法宣誓仪式举行，习近平主席面对近 3000 名全国人大代表，面对近 14 亿中国人民庄严宣誓。在新中国的历史上，国家最高领导人进行宪法宣誓，这是第一次，向全世界宣告了，中国共产党领导人民全面依法治国，特别是依宪治国，依宪执政的坚强决心。

7. 宪法日和我们每个人息息相关，大家都在用自己的方式来宣传宪法，学习宪法。宪法日不仅是一个纪念日，更是全民的宪法教育日、普及日、深化日，有助于形成举国上下尊重宪法、宪法至上、用宪法维护人民权益的社会氛围。

学生活动：

1. 继续提出自己感兴趣的问题。

2. 观看宪法修订历史视频，自由发言。

3. 了解宪法颁布过程及修订历史，得出结论：每一次宪法的颁布和修订，都与我们的国家和生活息息相关。

4. 小组代表汇报普通民众、国家公职人员开展宪法日活动的方式。自读国家公职人员宪法宣誓内容。

（1）普通民众开展方式：聆听宪法讲座，参加全国"学宪法，讲宪法"线上答题活动，观看宪法主题文艺演出，领取宪法日宣传单，等等。

(2) 国家公职人员开展方式：设立国家机关开放日，举行宪法演讲比赛，开展宪法进校园、进万家活动，进行宪法宣誓，等等。

(3) 国家公职人员进行宪法宣誓内容：

"我宣誓：

忠于中华人民共和国宪法，

维护宪法权威，履行宪法职责，

忠于祖国、忠于人民，恪尽职守、

廉洁奉公，接受人民监督，

为建设富强民主文明和谐美丽的

社会主义现代化强国努力奋斗！"

5. 得出结论：宪法日是全民的活动，普通民众、学校师生、公职人员都在积极地参与其中。虽然每个人参与宪法日的形式和内容是不同的，但弘扬宪法的精神却是相同的。宪法日不仅仅是为了纪念宪法颁布，更是为了提高大家的法治意识。

设计意图：帮助学生进一步了解设立宪法日的意义，认识宪法日是一项全社会的纪念活动；树立宪法与国家生活、社会生活、个人生活息息相关的认识，提高学生尊重宪法的意识。

环节三："宪法与我"

教师活动：

1. 播放"宪法与我"沙画视频。在了解、遵守和维护宪法的过程中，还有许多鲜活、感人的"宪法与我"的故事。同学们，你们有没有和宪法有关的小故事呢？

2. 出示宪法第五十二条和第五十五条。除了视频中提到的，宪法赋予我们的权利与义务以外，我们还有哪些义务呢？

3. 所以权利和义务是相统一的。我们在爱小家的同时，更不要忘了去爱我们的国家，爱护、尊重、保护我们的宪法。

学生活动：

1. 说说自己与宪法之间的故事。如：参加宪法绘画活动，在社区宣传栏里进行展示；通过电视，观看宣传宪法的节目；家人服兵役；等等。

2. 权利：平等权，选举权，财产权，休息权，劳动权，等等。义务：受教育，赡养父母，缴纳税款，保守国家秘密，遵守宪法和法律，等等。

设计意图：在了解宪法日活动和宪法基本内容的基础上，借助视频帮助学生认识宪法与自身和生活的密切联系，初步树立权利和义务相统一的观念，增强遵守宪法、践行宪法的自觉性。

(二) 课堂小结

同学们，重视宪法日的活动，不仅仅限于这一天或一周的学习，学习、尊重和维护宪法需要我们贯穿始终，一生铭记、落实。希望同学们能够在日常的生活当中，学习宪法知识，提高宪法意识，弘扬宪法精神。做一个知法、守法的小公民，让宪法散发出蓬勃的生命力。

(三) 板书设计

<pre>
                   宪法是根本法
                   学习宪法知识   学法
    感受宪法日   提高宪法意识   懂法
    12月4日   弘扬宪法精神   守法
</pre>

(四) 作业设计

1. 采访家人对"国家宪法日"的了解，填写如下表格。

采访对象	采访问题	回答	结论

2. 以"我和宪法的故事"为题，写一篇小随笔。（200字以内）

(五) 参考资料

［1］《中华人民共和国宪法》。

［2］中华人民共和国教育部：《义务教育道德与法治课程标准（2022年版）》，中国人民大学出版社，2022年。

［3］人民教育出版社课程教材研究所小学德育课程教材研究开发中心：《义务教育教科书教师教学用书·道德与法治六年级·上册》，人民教育出版社，2019年。

［4］中华人民共和国教育部：《习近平新时代中国特色社会主义思想学生读本（小学高年级）》，人民教育出版社，2021年。

八、教学总结与反思

本节课通过"宪法初印象""走进国家宪法日""宪法与我"三个活动环节，使学生走近宪法，了解宪法的基本内容，明白宪法在社会生活中的重要地位，使学生从小树立宪法意识。通过本节课的学习，学生明确宪法概念，了解设立宪法日的原因与意义，并联系生活实际，体会宪法与自身的关系，感受宪法对人们生活的影响。在课堂中，学生能够积极参与国家宪法日活动，了解宪法常识，弘扬宪法精神；明白宪法是根本法，具有最高法律效力，保障公民的基本权利；理解公民认真学习宪法、自觉遵守宪法的必要性，维护宪法权威。本节课切实培养了学生政治认同、道德修养、法治观念、健全人格、责任意识的核心素养。

场外"代表"在行动　我与宪法共成长

沈阳新民市卢家屯学校　周佳慧

一、课程基本信息

主讲课程：道德与法治

使用教材版本：人民教育出版社（2019版）

教材章节出处：《道德与法治》六年级上册第三单元第六课《人大代表为人民》第三课时《我们是场外"代表"》

二、教学设计概述

本教学设计案例遵循《青少年法治教育大纲》中"小学高年级（3-6年级）教学内容与要求"。本节课以法治为纲，儿童为本，生活为基，体验为根，四大教学策略贯穿教学主线。

紧扣教学内容，落实核心素养。以学生为本，营造乐学情境，关注学生学习感受；以生活为基，将陌生的知识概念照进生活，突破教学难点；以体验为根，通过体验深化学生学习感受，激发学生自主探究，将理解知识、产生新的情感体验与改变自我生活三者有机统一。整节课以驱动性问题为导向，引导学生在逐步深入潜移默化中达成学习目标，并在轻松愉快的氛围中学习成长。

三、学情分析

小学六年级学生社会性开始萌芽，理解能力逐步提升，他们能够浅显地理解一些社会生活中的政治现象，对于社会上的一些现象和问题也有自己的看法，具备一定的过程能力和质疑能力，这就为本科的学习奠定了基础。并且根据上节课的学习，学生已经知道宪法规定了"中华人民共和国一切权力属于人民"，了解人大代表的选举流程和职责范围。但是由于六年级的学生收看的时事新闻并不多，部分学生会认为只有人大代表才能参政议政，自己年龄尚小，不需要也不可能对国家大事发表意见和建议。本节课旨在引导学生关心国家、社会和身边事，使其懂得参政议政是每个公民的权利和责任。

四、教学目标

（一）知识与能力

了解公民建言献策、参政议政的内容和方式。懂得公民参政议政的意义。

（二）过程与方法

从身边和生活出发，善于观察并发现问题，在力所能及的范围内积极参与社会公共生活。

（三）情感、态度与价值观

进一步培养权利和义务的观念，关心国家大事，自觉为国家的发展献计献策，增强主人翁意识。

五、教学重点难点

（一）教学重点

了解公民建言献策、参政议政的内容和方式。

（二）教学难点

从身边和生活出发，善于观察并发现问题，在力所能及的范围内积极参与社会公共生活。

六、教学设计总体思路

本教学设计的总体思路是以《青少年法治教育大纲》和《义务教育道德

与法治课程标准（2022年版）》为指导，通过第三课时《我们是场外"代表"》的教学，引导学生深入理解人民代表大会制度和公民参政议政的意义。设计注重理论与实践的结合，让学生通过复习上节课知识点，了解建言献策不仅是人大代表的责任，也是作为场外"代表"公民的责任；从身边生活实际出发，让学生认识到公民参政议政的重要性和途径；通过案例分析、小组讨论等活动，增强学生的主人翁意识，培养学生对中国特色社会主义制度的认同感和法治观念。

七、教学过程

（一）教学流程设计

环节一：问题导入，引发思考

教师活动：首先帮助学生进行了知识的复习，回顾了上节课学习的内容，强调了人大代表的产生方式以及他们如何代表人民行使国家权力。接着，教师巧妙地设计了一个辨析问题，询问学生是否因为自己不是人大代表，就与国家大事无关。这一问题的提出旨在引发学生的思考和讨论，使他们意识到关心国家大事是每位公民的责任。为了进一步加强学生的理解，教师插入了一个精心挑选的视频《两会Vlog》，该视频展示了接受采访的杭州市民虽然都不是人大代表，但他们都能对国家发展和身边小事发表建议和看法。这一环节的设计使学生直观地感受到，即使不是人大代表，作为普通公民也能为国家的发展贡献自己的力量。在视频观看结束后，教师进行了小结，强调了我国人口众多，不可能每个人都直接行使国家权力，但每个人都是场外的"代表"，都可以通过自己的方式参与国家事务的讨论和决策。最后，教师自然而然地导入了新课的主题："我们是场外'代表'"为学生接下来的学习奠定了坚实的基础。

学生活动：全神贯注地观看教师展示的短视频后发表自己对辩题的见解。

设计意图：本环节以师生交流的方式，使学生感受到对国家建言献策并不只是人大代表的权利，作为公民的我们也可以对国家发展、身边小事发表

建议、提出意见。激发学生对普通公民关注国家大事的思考，为理解课题的含义做好铺垫。

环节二：童眼看社会，了解建言献策渠道

教师活动：首先提出问题："作为公民，我们可以对国家社会的哪些方面提出建议呢？"这个问题旨在引导学生思考自己作为公民的权利和责任，让他们意识到可以对社会发展、身边问题以及国家大事提出自己的见解和建议。接着，教师进一步设问："从网民参与总理提问活动中的问题类别，你们有什么发现？"这个问题引导学生从实际案例出发，观察和分析网民参与政治生活的方式，从而理解公民可以通过多种途径和方式参政议政、建言献策。在学生分享和讨论的基础上，教师进行总结："作为公民我们不仅可以对社会发展、身边问题进行建言献策，还可以参与国家重大事项的讨论。"这一总结不仅回应了之前的提问，也进一步强调了公民参政议政的重要性和广泛性。为了更具体地说明，教师展示了全国人民代表大会官网首页法律草案的征集案例，指出短短30天内就有12万的讨论建议。这一实例让学生直观感受到公民建言献策的积极性和影响力，同时也为他们提供了实际操作的参考。

学生活动：被引导思考作为公民可以对国家社会的哪些方面提出建议。回顾视频中提到的例子，如小区物业、快递投放、食品安全等，并得出结论：无论是国家大事还是身边小事，公民都有权利和责任建言献策。此外，通过查看"中国人大网"等平台，了解到国家决策过程中会广泛征询人民群众的意见和建议，进一步加深对公民参政议政权利的认识。

设计意图：通过"中国人大网"这样的平台，引导学生认识到国家的决策会征询广大人民群众的意见或建议。通过交流使学生明确作为一名公民，在国家和社会事务的各个方面，积极建言献策、参政议政，这既是我们的权利，也是我们的义务。

环节三：童声传社情，关注生活建言献策

教师活动：首先让学生了解课本中民营企业家牛先生的事例，通过这一案例引导学生关注社会问题和公民参与的实际意义。随后，教师引导学生聚

焦于四个核心问题，即①朱先生关注的问题是什么？②他通过哪些方式关心国家大事？③他得到了什么样的反馈？④为何看到自己的建议受到重视时，朱先生会感到高兴？这些问题的设计旨在让学生深入思考和感受公民参与的实际效果和积极影响。为了让学生更加直观地理解公民参政议政的方式和途径，教师进一步引导学生学习课本中提及的多种方式，并通过播放视频《长沙学校上学时间》听证会，让学生观察到听证会中不同角色的参与和互动。接着，教师组织小组讨论，让学生思考政府为何开通多种渠道鼓励公民建言献策，引导学生从国家和个人两个层面进行深度分析。最终，教师进行总结，强调国家的兴旺与每个公民息息相关，公民参政议政既是权利也是责任。这样的总结不仅加深了学生对公民参与国家事务重要性的理解，也激发了他们积极参与社会、建言献策的热情。

学生活动：通过阅读课本上的案例，了解到一位民营企业家朱先生如何通过电子邮件和电话等方式向人大代表和相关机关提出自己的建议，并得到了积极的反馈。通过这一案例看到公民建言献策的实际成效，激发积极参与国家和社会事务的热情。此外，观看关于听证会的视频，并讨论政府为什么要开通多种渠道让公民建言献策，从"国家"和"个人"两个角度进行深入的探讨。

设计意图：公民建言献策的途径有很多，宪法明确我国公民可以通过多种途径和方式参政议政、建言献策。在学生分享交流的基础上，通过视频重点讲解"听证会"，从中让学生感受到公民参政议政能够有利于政府听取广大人民的意见，也有利于我们维护自己的权益。

环节四：童言谈所想，不断强化公民意识

教师活动：首先设问："小学生可以参政议政吗？" 这一问题旨在激发学生的思考，让他们意识到年龄并不是参政议政的障碍。接着，播放一段音频《全国人大常委会回函小学生立法建议》，并再次设问，引导学生思考这些同学是如何发现问题的，他们通过什么方式反映问题以及这些问题是否得到了解决。随后，进行过渡性的讲解，强调人大代表非常重视每个公民的建议，包括小学生。这一环节旨在激励学生，让他们明白自己也可以像这些同

学一样，用心观察生活中的问题，积极参政议政，为国家建设贡献自己的智慧。为了进一步深化学生的公民意识，提出一个小组合作探究的活动。在这个活动中，学生需要：①在小组内交流并完成学习单，选择关心的问题并思考解决办法；②汇报提案的主要内容；③接受师生共同的评价。这一活动旨在培养学生的团队合作精神，同时也让他们学会提出有效的建议和解决方案。

学生活动：以积极主动的姿态参与关于公民参政议政的讨论与实践中。首先，聆听《全国人大常委会回函小学生立法建议》的音频，随后对音频中提及的问题进行了深入的探讨。接着在教师组织的小组合作探究的建言献策活动中分组交流，针对自己关心的问题进行深入的讨论，并完成学习单。学生们以小组为单位，向全班汇报他们的提案主要内容。最后，师生共同对各个小组的提案进行评价，并提出宝贵的建议。

设计意图：让学生通过聆听音频，了解一些小学生积极参与建言献策，以他们为榜样，明确我们小学生也可以参与国家和社会事务。参政议政、建言献策的方法或途径并不局限于课堂所讲，鼓励学生通过了解更多方法和途径，学会用不同的途径表达、传递自己的声音。让学生通过小组合作，观察发现问题，并对如何解决问题提出自己的意见和建议，鼓励学生关注身边小事，在力所能及的范围内积极参与社会公共生活，激发学生作为小公民的自豪感和责任感。让学生将课堂所学延伸至课外，用孩子影响家庭，乃至于社会，真正实现教育的本质功能。

(二) 课堂小结

这节课我们学习了对国家重大事项和身边问题建言献策不仅是人大代表的责任，作为小学生的我们也可以通过多种方式参政议政；了解公民参政议政的意义，虽然我们现在只是一名场外"代表"，但也可以行使自己的权利参与进来，一起建设我们的国家，使国家未来的发展越来越好。

(三) 板书设计

我们是场外"代表"

人大代表人民选　人大代表为人民

身边问题　　⎫
社会问题　　⎬　提出哪些方面建议　　建言哪些方式献策　　听证会　信访局
国家重大事项⎭　　　　　　　　　　　　　　　　　　　　　　媒体平台　写邮件
　　　　　　　　　　　　　　　　　　　　　　　　　　　　　政府热线……

小学生也可以参政议政

(四) 作业设计

参政议政并不仅仅是成年人的事，作为小学生的我们也可以积极参与。生活中有很多和我们关系密切的问题，我们可以通过不同方式提出来。请回家和父母一起，围绕家庭成员关心的社会问题，提出你们家的建议。

(五) 参考资料

[1] 中华人民共和国教育部、司法部、全国普法办：《关于印发〈青少年法治教育大纲〉的通知》（教政法〔2016〕13号），2016年7月18日。

[2] 中华人民共和国教育部：《义务教育道德与法治课程标准（2022年版）》，人民教育出版社，2022年。

八、教学总结与反思

本节课充分挖掘了学生的主观能动性，在学生中寻找学习资源，借助宪法，结合学习单，为学生树立法治意识。情景、模拟、现实探究三条主线相辅相成。情景对话满足儿童的社会性发展需要，融入儿童的生活经验；富有生活化的情境，关注了儿童的学习兴趣；通过设置具有驱动性的问题，激发学生合作探究，促进了儿童的自主学习，实现了师生的共同参与。在改进方面，有关参政议政的法律程序知识，教师还需积累再多一些。如果有条件的话，还可以将真实的人大代表请进课堂。

生活中的法律

大连市甘井子区千山路小学　孙特淇

一、课程基本信息

主讲课程：道德与法治

使用教材版本：人民教育出版社（2016版）

教材章节出处：《道德与法治》六年级上册第一单元《我们的守护者》第一课《感受生活中的法律》

二、教学设计概述

《感受生活中的法律》作为小学《道德与法治》六年级上册的第一课，开篇即聚焦于"法律是什么"。本课通过贴近学生日常生活的实例，引导学生初步认知法律的概念。学生们将发现，从日常行为规范到社会公共秩序，法律如同一位无形的守护者，无处不在。课程通过生动的讲解、案例分析和互动讨论，让学生感受到法律不仅是书本上的条文，更是与我们生活息息相关的行为准则。学生们将学会用法律的眼光审视周围的世界，理解法律如何保障我们的权益，规范我们的行为。这不仅是一次法律知识的启蒙，更是对学生法治观念的初步培养。通过本课的学习，学生们将迈出成为知法、守法公民的重要一步，为未来的成长与发展奠定坚实的法治基础。

教学设计以社会建构主义理论为依据，认为学习是一个社会互动和建构的过程。通过电影与教材的结合，让学生在与同伴、教师的互动中，建构对法律的理解和认识。同时，依据皮亚杰的认知发展理论，小学阶段是学生认知发展的关键时期，具体、生动的教学材料，有助于促进学生的认知发展。

三、学情分析

小学六年级学生处于儿童期的末尾，正逐步向青少年期过渡。他们的思想特点表现为好奇心强，求知欲旺盛，对社会现象开始有自己的思考和判断。在知识储备方面，他们已经具备了一定的法律常识和道德观念，但往往对这些概念的理解较为模糊。能力水平上，他们开始具备独立思考和解决问题的能力，但仍需要教师的引导和帮助。

对于本课所学内容，小学六年级学生可能对法律的概念和作用有一定的了解，但对于法律与道德的关系、法律在实践中的运用等方面的了解可能还不够深入。因此，在教学中，教师需要结合学生的实际情况，通过生动的案例和实践活动，引导他们深入思考，增强法律意识和道德观念，同时培养他们的法律思维和解决问题的能力。

四、教学目标

（一）知识与能力

学生将深入理解法律的基本概念，认识到法律是维护社会秩序、保障公民权益的重要工具。通过电影《第二十条》等具体案例的分析，学生能够将法律理论与日常生活紧密相连，识别出法律在日常活动中的具体体现。同时，学生将学会区分法律与道德的界限，理解两者在维护社会和谐中的不同作用，并初步获得将法律知识应用于实际情境的能力，培养解决法律问题的能力。

（二）过程与方法

在教学过程中，采用探究式学习方法，通过引导学生想象没有法律的世界、分析电影片段、讨论法律案例等方式，激发学生的思考兴趣，培养其自主学习和探究问题的能力。同时，鼓励学生参与小组讨论、角色扮演和辩论等合作学习活动，使学生增强团队合作意识，提升沟通和表达能力。此外，运用媒体辅助教学手段，如电影片段和视频资料，使教学更加生动有趣，提高学生的学习积极性和参与度。

（三）情感、态度与价值观

培养学生的法治信仰和道德意识。通过法律知识的学习和案例分析，学生将深刻体会到法律的重要性，认识到法律是维护社会公正和秩序不可或缺的力量，从而树立起对法律的尊重和信仰。同时，学生将增强道德观念，理解法律与道德相辅相成的关系，认识到两者在促进社会和谐与进步中的共同作用。此外，引导学生树立社会责任感，认识到作为社会成员应遵守法律、维护社会秩序的义务；并鼓励他们在日常生活中自觉遵守法律、践行道德准则，为构建法治社会贡献自己的力量。

五、教学重点难点

（一）教学重点

结合案例与电影，让学生理解法律在维护秩序、保障权益、明确责任等方面的核心价值，认识到法律是保护自身与促进公正和谐的关键。阐明法律与道德相辅相成，守法即高尚道德。鼓励学生既树立法律意识又强化道德自觉，共同推动社会进步。

（二）教学难点

厘清法律与道德之间的微妙差别，明白法律是社会的刚性规范，具有明确的条文和约束力；而道德则更多地体现在个人修养与社会共识中，是内心的尺度和行为的指南。建立起对法律与道德清晰而准确的认识。感受法律的严肃性、公正性和不可侵犯性，深刻理解法律的权威不仅来源于其强制力，更在于其维护公平正义、保障社会秩序的深远意义，从而在心中树立起对法律的敬畏之心。

六、教学设计总体思路

将小学六年级道德与法治课程《感受生活中的法律》与电影《第二十条》结合，注重学生的情感体验和实际应用能力的培养。通过展示生活中的法律现象和电影中的案例，引导学生深入理解法律的存在与意义，树立法治观念。教学中，可采用情境教学法、案例分析法等，以学生为中心，鼓励学生主动参与、积极思考，培养他们的法律思维和解决问题的能力。同时，使用信息化手段，如多媒体教学、网络资源等，丰富教学内容，提高教学效果。教学设计中还需注意学段特点，合理安排教学内容和难度，确保学生在轻松愉快的氛围中学习法律知识，形成正确的法治意识和道德观念。

七、教学过程

（一）教学流程设计

环节一：法律是什么

教师活动：

1. 想象一下，没有法律的约束，我们的生活会陷入何种纷扰与无序之中？这样的世界是否让你感到不安与迷茫？

2. 展示图片：乘坐大巴车去秋游；爸爸妈妈带我们去医院看病。

3. 思考这些活动背后都与哪些法律有关，探索"感受生活中的法律"这一重要主题。

4. 播放电影《第二十条》片段。通过其生动的故事情节，特别是公交车司机张贵生的案例，来深刻体会法律是什么，以及它在我们的生活中扮演了怎样的角色。特别关注检察官韩明如何运用专业知识为张贵生案释疑，使"沉睡的二十条"法律条款被唤醒，成为正当防卫与见义勇为者的坚实后盾。

5. 围绕"法律在日常生活中的角色"这一主题展开讨论。思考法律如何维护社会秩序，保障公民权益，以及我们在日常生活中应如何尊重并遵守法律。

学生活动：

1. 想象一个没有法律约束的世界，讨论这样的世界带来的混乱与不安，总结没有法律约束的社会的潜在问题和影响。

2. 了解电影《第二十条》的基本背景，得到对法律与人性关系的初步看法，思考案例中涉及的法律问题，如正当防卫的界定等。

3. 小组讨论案例中法律与人性冲突的体现以及对个人和社会的启示。

4. 记录下韩明运用法律知识的关键点，思考电影片段中展现的法律实践与现实生活的联系。反思自己在日常生活中的行为，思考如何更好地尊重并遵守法律。

5. 全班范围内进行观点碰撞与交流，深化对法律重要性的认识。

设计意图：通过电影片段的引入，激发学生的学习兴趣和好奇心，引导他们思考法律在生活中的重要性和作用，帮助他们初步理解法律的存在意义。

环节二：法律与道德

教师活动：

1. 通过电影《第二十条》中的情节引入话题，引导学生思考法律与道德的区别和联系。

2. 引导学生讨论法律与道德在生活中的角色及其相互关系。

3. 播放视频《成都中院公开宣判—制贩毒品大案三名主犯一审被判处死刑》，要求学生观看并思考违反法律的后果。引导学生对比违反法律与学校纪律的后果，加深对法律严肃性的理解。

4. 组织学生进行角色扮演，模拟案件审理过程，体验法律的实际运用。

5. 组织学生开展辩论活动，讨论道德的有用性，鼓励学生结合电影情节和生活实例表达观点。

6. 总结法律与道德的关系，强调两者的重要性。引导学生树立法律意识与道德观念，做遵纪守法、对社会有贡献的好公民。

学生活动：

1. 结合电影《第二十条》的情节，思考并讨论法律与道德的区别和联系。法律是硬性的规定，维护社会秩序和公正；而道德是内心的约束，引导我们做出正确的选择。

2. 认真观看视频，了解违反法律的严重后果。对比违反法律与学校纪律的后果，认识到法律制裁的严重性。

3. 积极参与角色扮演，模拟案件审理过程，体验法律实践。

4. 参与辩论活动，充分表达观点，探讨道德的有用性，通过交流深化对法律与道德关系的理解。

5. 深化对法律与道德关系的理解。意识到要做一个既有法律意识又有道德观念的好公民，并将这一理念内化于心。

设计意图：通过多样化的教学手段和活动，使学生在理解法律与道德关系的基础上，增强法律意识、培养道德观念，并最终成为具有法律素养和道德品质的公民。

（二）课堂小结

本节课，我们踏上了一场深刻而富有意义的探索之旅，不仅揭开了"法律是什么"的神秘面纱，还深入剖析了"法律与道德"之间那不可分割的紧密联系。借助电影《第二十条》这一生动素材，我们从一个个鲜活的案例中，感受到了法律不仅仅是冷冰冰的条文，更是温暖人心、守护正义的力量。在影片的引领下，我们见证了法律如何在复杂多变的社会情境中发挥作用，它如同一位公正的裁判，为我们的行为设定了明确的界限，既保障了每个人的自由与权利，又维护了社会的整体秩序与安宁。我们深刻理解到，法律不仅仅是约束，更是引导与保护，它让我们的社会得以在有序中前行，在公平中发展。

同时，本节课也让我们对法律与道德的关系有了更为清晰的认识。我们意识到，法律与道德虽属不同范畴，却紧密相连、相辅相成。法律是道德的底线，它用刚性的规定来约束人们的行为；而道德则是法律的基石，它用柔性的力量来引导人们向善。在法律与道德的双重作用下，我们的社会才得以更加和谐稳定，人们的生活也才能更加幸福美满。

作为新时代的青少年，我们肩负着建设法治社会的重任。因此，我们要积极学习法律知识，培养法治精神，让法律成为我们行动的指南和守护神。同时，我们还要树立正确的道德观念，用道德的力量来滋养我们的心灵，提升我们的品质。只有这样，我们才能成为既有法律意识又有道德观念的好公民，为构建更加美好的法治社会贡献自己的力量。

（三）板书设计

感受生活中的法律

法律是什么　法律的作用

法律与道德

（四）作业设计

1. 在家或学校周围寻找并记录遵守法律或不遵守法律的行为（如排队等候、不乱扔垃圾等），并简单分析这些行为背后的原因。

2. 设计一张主题为"法律与道德在我们生活中的重要性"的海报。

（五）参考资料

［1］中华人民共和国教育部：《义务教育道德与法治课程标准（2022年版）》，人民教育出版社，2022年。

［2］《第二十条》，http：//iqiyi.cn/edFd6Uz-c8.

［3］《成都中院公开宣判一制贩毒品大案三名主犯一审被判处死刑》，https：//tv.cctv.com/2019/06/26/VIDE9Egs7VrPdjpuVnmjk1QE190626.shtml.

八、教学总结与反思

本次教学活动旨在通过探索"法律是什么"与"法律与道德"的关系，培养学生的法律意识和道德观念。活动中，我充分利用了电影《第二十条》和相关的视频资源，让学生在具体情境中感受法律的重要性。同时，通过小组讨论、角色扮演和辩论等形式，鼓励学生积极参与，深入思考。

从活动效果来看，学生们表现出了浓厚的兴趣和热情。他们在讨论中能够结合生活实际，提出自己的见解；在角色扮演和辩论中，也能够充分表达自己的观点。但也存在一些不足，比如部分学生在讨论中发言不够积极，需要进一步引导。

总的来说，本次教学活动取得了一定的成效，但也需要在后续的教学中不断改进和完善，以更好地培养学生的法律意识和道德观念。

认识公民与国籍

沈阳市沈河区文艺路第二小学　杨向煜

一、课程基本信息

主讲课程： 道德与法治

使用教材版本： 人民教育出版社（2016版）

教材章节出处：《道德与法治》六年级上册第二单元《我们是公民》第三课《公民意味着什么》

二、教学设计概述

本节课选自第二单元《我们是公民》第三课《公民意味着什么》，单元由《公民意味着什么》和《公民的基本权利和义务》两课组成，呈递进关系。《公民意味着什么》共三个框题，"公民身份从何而来"框题作为本课的第一个框题，主要引导学生理解公民的内涵，认识公民与国籍的关系，具有启示作用。

从日常生活入手，选取不同称呼作为切入点；不同国家人的自我介绍，贴近主题，揭示了公民身份与国家的关系。通过追溯公民概念的起源，让学生在比较中理解中国宪法对于公民权利的保障，感受社会主义制度的优越性，增强民族自豪感和自信心。小组学习加深对国籍获取或丧失方式的了解，让学生在解决问题的过程中树立公民意识，明确中国公民身份的唯一性，产生对中国公民身份的认同感。结合生活中存在的现象，引发学生的深思，让学生在讨论、交流过程中体会中国公民身份的珍贵，增强对中国公民身份的认同感。

三、学情分析

六年级学生的社会性发展程度随着年龄增长有所提高，作为社会人，每个人都需要同国家、社会、他人打交道，我国宪法赋予我国公民享有政治、人身、文化等方面的基本权利，但获得这些基本权利的前提是我们首先是一个"公民"。然而学生大多不懂得公民与国籍的双向链接关系，不知道不同国籍的人在公民权利与义务方面存在的差异，在社会生活中大多也并不关心这一类问题。因此多数学生始终不清楚"公民"这一法律概念的内涵。

通过对所教班级学生的调查，发现班级内很多学生不知道公民的身份从何而来，有部分学生会缩小公民的范围，比如有学生认为只有取得居民身份证才是公民，也有学生认为年满十八周岁才是公民，也有一些同学会扩大公民的范围，比如认为只要是华人，都是公民。本节课将从学生的生活入手，引导学生正确认识公民的内涵。

四、教学目标

（一）知识与能力

通过视频和自我介绍感受不同国家的人的称呼，在比较中国人、英国人、美国人等称呼不同的过程中，认识公民身份与国家的密切关系，初步树立公民意识。

（二）过程与方法

通过观看视频《答"移"解惑》了解我国不同的通关通道与中国公民回国时办理的手续和外国人进入我国国境时需要的手续，感受不同国籍、不同国家公民身份造成的差异，初步认识公民与国籍的关系；通过了解古希腊、古罗马的公民概念，认识到公民定义并非一成不变，在比较中感受社会主义制度的优越性，知道公民身份与国家密切相关，了解中国宪法对于公民权利的保障，感受社会主义制度的优越性，增强民族自豪感和自信心。

（三）情感、态度与价值观

通过小组分析、讨论，锻炼分析问题、解决问题的能力，了解国籍获取或丧失的方式，深入认识公民与国籍的关系；在解决问题的过程中树立公民意识，明确中国公民身份的唯一性，加深对中国公民身份的认同感。

五、教学重点难点

（一）教学重点

1. 认识公民身份与国家的关系，初步树立公民意识。
2. 感受不同国籍、不同国家公民身份造成的差异，初步认识公民与国籍的关系。

（二）教学难点

1. 认识到公民定义并非一成不变，感受社会主义制度的优越性，知道公民身份与国家密切相关，理解中国宪法对于公民权利的保障，感受社会主义制度的优越性，增强民族自豪感和自信心。
2. 锻炼分析问题、解决问题的能力，了解国籍获取或丧失方式，深入认识公民与国籍的关系；树立公民意识，明确中国公民身份的唯一性，加深对中国公民身份的认同感。

六、教学设计总体思路

进行教学规划之前，应先了解该学段学生特点和所教班级学生特点，以学生为主体开展教学设计。六年级学生的社会性发展程度随着年龄增长有所提高，关注的重点渐渐从学校转向了生活、社会。但由于缺乏正确、系统的学习，学生对很多概念存在误解，很多学生不知道公民的身份从何而来，对"公民"的内涵也存在错误认识。因此，本节课重在引导学生理解公民的内涵，知道自己的公民身份从何而来，树立公民意识，为今后了解公民的基本权利和基本义务，参与国家和社会事务、开展社会生活奠定基础。

本课教学注重于锻炼学生解决实际生活中遇到的问题的能力，让学生在课前搜集生活中发生的案例，或者带着对生活的觉察和对问题的疑惑来上课。此外，在课上最后拓展环节，设置一个具体的生活矛盾片段，请学生分享解决之道，考查学生的自主能力、沟通能力、判断能力和实际运用能力等。

七、教学过程

（一）教学流程设计

环节一：我们出国了

教师活动：

1. 今天我们来到国外参观学习，遇到几位外国友人，让我们听一听他们的自我介绍吧！播放视频《自我介绍》。（视频内容：不同国家的人介绍自己来自哪个国家，是哪国人。）

2. 接下来把自己介绍给这些外国朋友吧，说说你是哪里人。

3. 组织同桌交流。你怎么理解中国人、美国人、英国人、日本人等不同的身份？

4. 我们结束了在国外的参观学习，乘坐飞机回到了祖国。在机场的边检处办理入关手续时，老师发现这里分为"中国公民""外国人"等不同的通关通道，这是为什么呢？

让我们通过一段视频一起来了解一下我国边检处办理入关手续的不同通关通道吧！播放视频《答"移"解问》。（视频内容：介绍我国不同的通关通道，以及中国公民回国时办理的手续和外国人进入我国国境时需要的手续。）

5. 在家里，我们是孩子；在学校，我们是学生；我们的身份在不同的场合会发生变化，但是，有一个身份是共同的，那就是我们都是中国人，我们都是中国公民。

学生活动：

1. 观看视频，仔细观察外国友人的自我介绍。

2. 模仿视频做自我介绍。

3. 同桌间相互交流，比较分析中国人、美国人、英国人、日本人身份有什么不同。

4. 观看视频，结合自己的经历回答"中国公民""外国人"入关设置不同通道的原因。

设计意图：通过模拟情景，将学生的注意力引到日常生活中随处可见的中国人、英国人、美国人等称呼，贴近学生的生活，激发学生的兴趣。通过思考生活中常听到的称呼，学生意识到不同国籍、不同国家公民身份造成的差异，体会国籍与公民身份的联系。

环节二：多样的"公民"

教师活动：

1. 不同时期"公民"一词有着不同的内涵，今天让我们追根溯源，看一看公民概念的起源，以及那一时期公民的含义吧。

2. 模拟公民资格审核官，审核申请公民身份的学生是否具备公民资格。

3. 结合情景模拟回答以下问题：第一，结合教材第24页《活动园》总结成为古希腊、古罗马的公民有什么要求？第二，你是中国公民吗？为什么你能成为中国公民？第三，了解了多样的"公民"，你有什么样的感受？

4. 公民身份与国家密切相关，在我国，凡具有中华人民共和国国籍的人都是中华人民共和国公民，并根据宪法规定享有权利、承担义务。

学生活动：

1. 申请成为古希腊、古罗马公民，看一看自己能否成为古希腊、古罗马公民。

2. 结合教材了解古希腊、古罗马公民的要求，总结成为古希腊、古罗马的公民有什么要求。

3. 结合生活经历思考自己是不是中国公民，为什么自己能成为中国公民。分享了解了多样的"公民"后，自己有什么感受。

设计意图：通过了解古希腊、古罗马的公民概念，认识到公民定义并非一成不变，在奴隶社会、封建社会中，公民的身份和权益无法惠及一国的所有居民，在比较中感受社会主义制度的优越性，知道公民身份与国家密切相关。

环节三：我与国籍

教师活动：

1. 凡具有中华人民共和国国籍的人都是中华人民共和国公民，你的国籍是如何获取的呢?

2. 组织、编排、观看情景剧,回答以下问题。(情景剧内容来源为教材第23页)国籍取得的方式有哪些?你是以哪种方式获取国籍的?

3. 有一位同学,他的父母都是中国公民但长期定居在国外,他出生后是否具有中国国籍?

补充讲授《中华人民共和国国籍法》相关内容。

4. 组织小组交流活动,小组讨论交流后回答问题。课前调查了解身边其他国籍的人,分享他们是如何获取不同国家国籍的。

5. 在我们国家,如果申请了其他国家的国籍,那他还拥有中国国籍吗?

补充讲授《中华人民共和国国籍法》相关内容。

6. 组织学生观看新闻,小组讨论交流并回答问题。新闻报道近几年知名人物把自己的孩子生在国外,申请外国国籍,引发了很多争议。你怎么看待这样的现象?如果是你,你会怎样选择国籍?

7. 我国每个社会成员,除"具有中华人民共和国国籍"这一条件外,没有任何的限制条件,不管男女老幼、是否享有政治权利,都是中国公民。

学生活动:

1. 回答问题,结合生活经历猜一猜自己的国籍是如何获取的。

2. 结合情景剧和教材(第23页)归纳我国国籍取得的方式,分析自己是如何获取国籍的。

3. 结合我国国籍取得的方式,分析这位同学出生后是否具有中国国籍。

4. 学习《中华人民共和国国籍法》,了解法律规定的我国国籍的获取方式。

5. 根据课前调查,分享身边其他国籍的人是如何获得自己的国籍的。

6. 小组成员猜一猜,在我国,如果申请了其他国家的国籍,那他是否还拥有中国国籍。

7. 学习《中华人民共和国国籍法》,深入了解我国国籍的获取方式或丧失方式。

8. 观看新闻,小组讨论分享自己怎么看待这样的现象,如果是自己会怎样选择国籍以及原因。

设计意图：通过小组分析、讨论，锻炼学生分析问题、总结问题的能力，让学生认识到我国国籍取得或丧失的方式，树立公民意识，明确中国公民身份的唯一性，产生对中国公民身份的认同感。

(二)课堂小结

通过本节课的学习，我们了解了自己的公民身份从何而来，认识到公民身份与国家的关系，作为一名中国公民，我国宪法赋予我们享有政治、人身、文化等方面的基本权利，我们要珍惜独一无二的中国公民身份，树立公民意识。

(三)板书设计

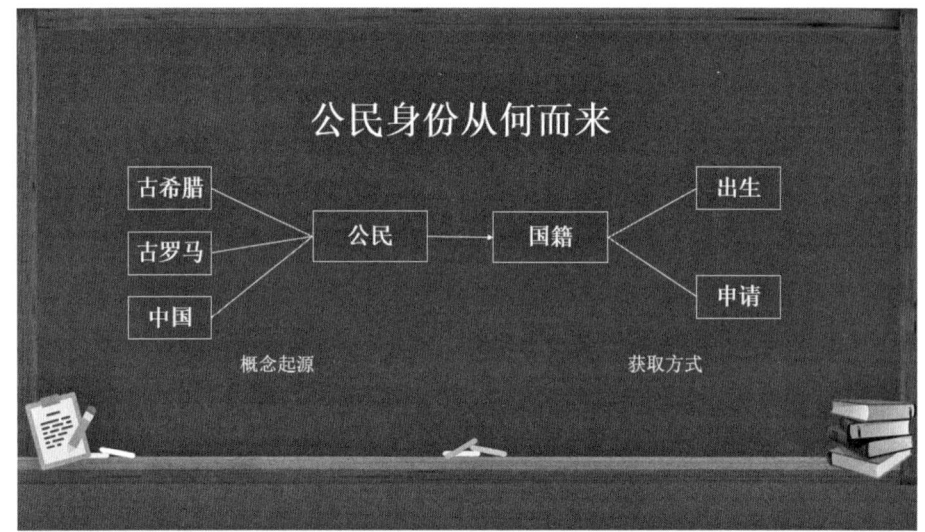

(四)作业设计

1. 调查我国不同历史时期"公民"的内涵，谈谈你的认识。

2. 针对当今社会存在的知名人物为子女选择外国国籍这一现象，进行一次演讲，说说你的看法。

(五)参考资料

[1] 中华人民共和国教育部：《义务教育道德与法治课程标准（2022版）》，北京师范大学出版社，2022年。

［2］《中华人民共和国国籍法》。

［3］《自我介绍》，https：//tv.cctv.com/2013/07/20/VIDE1374256680282426.shtml？spm=C55953877151.PnBseTLNFz7W.0.0.

［4］《答"移"解问｜哪些人可以通过边检快捷通道通关？》，https：//new.qq.com/rain/a/20230519A074R800.

八、教学总结与反思

本课的教学环节不够多元化，有些影响教学效果。教学过程中，对学生的自学能力要求较高，有部分同学对于课堂内容的理解存在困难。

多样的公民环节中，只介绍了古罗马和古希腊对于公民的定义，同学虽然能在比较中认识到相比于奴隶制社会时期我国宪法对于公民权利的保障，但由于对比的国家太少，同学们的感受并不深刻。

本课着重关注学生对于公民内涵的理解，但很多学生在日常生活中能接触到的他国公民很少，对于获取国籍的方式也就了解得更少。在教学中，只引用教材中的四个例子，学生总结国籍获取方式存在一定困难，教师需要列举更多的例子以便学生总结归纳。

我们身边的法律

沈阳市苏家屯区陈相九年一贯制学校　李剑颖

一、课程基本信息

主讲课程：道德与法治

使用教材版本：人民教育出版社（2019版）

教材章节出处：《道德与法治》六年级上册第一单元《我们的守护者》第一课《感受生活中的法律》

二、教学设计概述

《我们身边的法律》是人民教育出版社道德与法治六年级上册第一单元《我们的守护者》第一课《感受生活中的法律》中的内容。第一单元作为本册起始，帮助学生初步认识法律和法律体系。第一课由三个话题组成，分别是《法律是什么》《生活与法律》《法律作用大》。内容主要围绕"生活中的法律"展开，让学生通过三个话题的内容初识法律。本课在第一个话题学生认识法律的基础上，呈现了与学生生活紧密相关的场景及事件，介绍了刑法、民法、行政法与生活的紧密联系，重在引导学生认识不同的法律调整着不同领域的事务，共同维护着社会的公共秩序，让学生体会法律与生活密切相关。

《我们身边的法律》是道德与法治课法治教育的内容。通过对本课的教学，让学生结合身边的案例，感受良好的社会秩序既需要道德的滋养，也需要法律的规范；感受法律对个人生活和公共生活的重要性；讨论怎样借助于法律解决问题；养成自觉守法、遇事找法、解决问题靠法的思维习惯和行为方式。

三、学情分析

六年级的学生在过去的学习中，基于规则和道德认知，已经养成良好的行为习惯，在前五年《道德与法治》课程的学习中，结合相关主题学到了一些较为零散的法律常识，但系统的法律常识学习还没有。他们对法律常识的了解还不成体系；对法律的内涵及作用的认识了解还不到位，大多只停留在表层。另一方面，他们有较强的求知欲，掌握一定的学习方法，能通过课前调查、资料收集、小组探究等方式完成学习任务，并形成自己的观点。因此，本课利用展示生活中的典型案例、播放视频、布置学习任务单、安排课后实践活动等方式促进学生自主建构能力和学科思维能力的形成，培育学生法治观念，发展学生核心素养。

四、教学目标

（一）知识与能力

在课堂上，通过观看视频、围绕生活案例的探究等，学生初步了解刑法、民法、行政法等法律，知道不同的法律调整不同领域的社会关系，发挥不同的功能，它们共同维护着社会的公共秩序。

（二）过程与方法

在课堂上，通过观看同学的真实经历、辩论，感受法律对个人生活和公共生活的重要性；通过阅读《史记》中的记载和视频案例分析，了解刑法的历史发展及其性质和作用；通过观看动画片及小组修订合同，知道民法是如何维护人们日常生活秩序的；通过分享交流，了解行政法的性质与作用。

（三）情感、态度与价值观

在课堂上，通过阅读资料、情景连线等活动树立法治意识，培育法治观念，养成守法用法的思维方式和行为习惯。教师通过具体的案例分析及课后作业的布置帮助学生形成法治信仰和维护公平正义的意识，做社会主义法治的忠实崇尚者、自觉遵守者、坚定捍卫者。

五、教学重点难点

（一）教学重点

1. 感受法律对个人生活和公共生活的重要性。体会大到国家的政治生活，小到个人的家庭生活，处处都有法律的身影。知道我们为什么需要法律，法律对我们意味着什么，在生活中怎样做到遵纪守法，怎样借助于法律解决问题。了解法律常识，初步学会如何正确运用法律维护自己的合法权益。

2. 知道不同的法律调整不同领域的社会关系，发挥不同的功能，他们共同维护着社会的公共秩序，体会法律与生活密切相关。

（二）教学难点

1. 了解法律调整的社会关系的广泛性。初步了解刑法、民法、行政法的区别。

2. 认识法律的门类，学习运用法律解决问题的方法，知道面对不同的问题时应当寻求哪些法律的帮助，掌握法律知识，培养遇事找法的习惯。

六、教学设计总体思路

本课教学环节的设计依据教学内容的难易程度，分层次、多角度地展开，注重案例教学法，挖掘贴近学生生活的具有真实性、趣味性、多样性的素材。

本节课在教学过程中采用了如下的教学环节：情境辩论，导入新课→观看视频、图片，汇报生活中常见的法律→小组探究实践活动、交流分享，学习刑法、民法、行政法→比较分析、情景连线，加深认识→学生畅谈收获与感受→布置分层作业，拓展实践。

首先，从玲玲与妈妈的生活经历入手，引发学生思考、辩论，探究法律与生活的关系。再通过展示人从出生、成人到老年的视频，让学生从纵向的生活领域里认识到法律与每个人的一生相伴。用课件出示熟悉的生活场景图片，引导学生思考与这些场景相关的法律。通过纵看人生、横看社会的方法，自然巧妙地感受到法律存在于我们生活的方方面面，生活处处有法律，法律让我们的生活更美好。

学生学习法律常识时必然会遇到一些难以理解的抽象概念，如果学生对这些概念没有正确理解和消化，教学是无法落实的。本节课中，借助多媒体手段，让学生探究真实的历史故事、刑事案例，观看生动有趣的民法典动画，互相修订评价合同，交流分享，情景连线；通过课后实践等体验活动自主认知，了解刑法、民法、行政法，区分它们之间的异同。教师将抽象的法律常识具象化，使课堂的法律知识有效转化为学生的法治信念，支撑他们践行法治生活。

七、教学过程

（一）教学流程设计

环节一：情境辩论，感受法律

教师活动：

1. 安排学生现场表演"玲玲的故事"。

故事内容：周末，玲玲和妈妈在一家服装店的特价商品区买到一件衣服。在付款时，店员在购物小票上写上了"特价商品，不退不换"的字样，并再三叮嘱了母女俩。到家后，玲玲在试穿的过程中，发现衣服有个拇指大小的洞，她的心情一下子就低落了，她想和妈妈一起去把裙子退掉，可是又担心店主不给退……

2. 提示学生观看表演并回答问题。

3. 请学生表明自己的立场，开展辩论赛。

学生活动：

1. 思考并回答"特价商品，不退不换"是否合理。

2. 判断玲玲和妈妈是否能退货成功。

3. 分别站在正、反两方，陈述理由，开展辩论。

设计意图：以学生生活中常见的易引发争议的经历为切入点，并通过现场表演的方式引起学生的关注；通过辩论活动提高学生思辨能力和学科思维能力；围绕表演逐步展开的问题情境引导学生深度学习，感受生活与法律密切相关。让学生知道我们为什么需要法律，法律对我们意味着什么，初步学会如何正确运用法律维护自己的合法权益。

环节二：观察回顾，寻找法律

教师活动：

1. 播放视频《一生相伴，哪些法律在保护你?》。

2. 出示马路、超市、工厂、学校等图片，让学生说说生活中涉及的法律有哪些。

学生活动：

1. 观看视频，感受法律与我们一生相伴。

2. 汇报资料，分享生活经验，感受身边的法律。

设计意图：让学生通过观看视频、分享课前调查的内容，感受法律对个人生活和公共生活的重要性；进一步认识生活与法律的关系，体会大到国家的政治生活，小到个人的家庭生活，处处都有法律的身影；发现不同的生活场景中，涉及的法律也不同；体会法律调整社会关系的广泛性。

环节三：案例分析，了解刑法

教师活动：

1. 播放视频《组织作弊、找人替考……盘点高考中不可行的"刑"为》，引导小组自学探究。

2. 介绍"禹刑"，出示资料——《史记》中记载的刘邦与父老"约法三章"的故事；提示学生阅读并说说发现。

我国西汉史学家司马迁的《史记》记载：刘邦反抗秦的暴政，率军攻入咸阳后，首先"与父老约，法三章耳：杀人者死，伤人及盗抵罪"。这句话的意思是：刘邦与大家约法三章，禁止杀人、伤害和盗窃，否则要严厉惩罚。杀人者会被处死，伤害他人和盗窃要处以相应的惩罚。

今天，我国的刑法规定了四百多种犯罪，包括盗窃罪、抢劫罪、绑架罪、贪污罪、交通肇事罪等。

学生活动：

1. 观看视频，围绕学习任务单自学探究，找出视频中触犯刑法的行为，讨论刑法的性质与作用。

2. 阅读资料，分享感悟，了解刑法的历史与发展，感受刑法从古至今的重要性。

设计意图：让学生通过对案例视频的分析与小组自学探究，体会并学习刑法是规定犯罪和刑罚的法律。初步了解法律的概念，认识到法律与日常生活的紧密联系，并理解法律在维护社会秩序和公平正义方面的作用。

环节四：观察实践，感知民法

教师活动：

1. 播放民法典普法动画片并提问。

（1）动画片中有哪些行为违反了民法典的规定？

（2）关于《中华人民共和国民法典》，同学们还了解哪些知识？

2. 一家奶粉公司要向一家养殖场购买鲜牛奶，双方为此签订了一份买卖合同。合同主要条款包括买方和卖方的名称，买卖商品的数量、质量，商品的价款，交货的日期，支付货款的方式，违反合同的责任，争议的解决方式等。签订平等、互利的合同，有助于明确双方的权利和义务，保障买卖行为的顺利进行。

3. 出示同学们课前制定的不完善的牛奶买卖合同样本并提问。

（1）签订合同时，应注意哪些问题？

（2）生活中还有哪些情况需要签订合同？

学生活动：

1. 观看动画，找出动画中的违法行为；分享课前收集到的有关《中华人民共和国民法典》的资料。

2. 阅读教师展示的资料。

3. 小组探究，修订手中的合同样本，汇报展示修订后的合同并回答教师提出的问题。

（1）了解签订合同时应注意双方需要仔细审查合同的条款，并对合方面的内容进行明确约定。双方应确保合同的合法合规性，以及合同中的条款清晰明了，并符合双方的合作意图和利益，从而能够保障双方在合同履行过程中的权益，并有效地解决可能出现的争议。

（2）了解生活中需要签订合同的情况包括但不仅限于租赁、买卖有形或无形财产、提供劳务以及完成特定工作成果。如：买卖租赁房屋、土地时；商标、专利的转让；提供运输、保管等服务时；完成建设工程、技术开发等项目中都需要签订合同来确保双方的利益。

设计意图：通过动画片及修订合同等多种手段，使学生了解民法典，了解民法是维护人们日常生活秩序的法律。让学生在真实的情境中，培养法治意识和法律素养，将民法知识与社会生活实践相结合，知道如何合法合规地行使权利、履行义务。

环节五：自学分享，初识行政法

教师活动：

1. 出示行政法相关资料，引导学生自学。

2. 生活中存在哪些行政部门，它们各有什么职责呢？

学生活动：

1. 默读资料，自学思考。

2. 回答问题，了解不同行政机关的职责。

设计意图：让学生通过自学与交流，初步了解身边的行政机关，了解行政法的性质和作用，提高自身的民主法治观念，增强责任感、使命感和担当精神。

环节六：对比总结，辨析感悟

教师活动：

1. 引导学生比较刑法、民法、行政法的相同点和不同点。

2. 出示情景连线题。

学生活动：

1. 归纳总结，回答教师提出的问题。

2. 完成情景连线，展示评价。

设计意图：让学生在上一环节学习基础上，通过比较思考，完成情景连线。引导学生认识不同的法律调整着不同领域的事务，共同维护着社会的公共秩序；知道面对不同的问题时，应当寻求哪些法律的帮助，掌握法律知识，培养遇事找法的习惯。

（二）课堂小结

这节课上，我们从玲玲的经历入手，通过辩论，探究法律与生活的关系。再通过视频、图片，纵看人生、横看社会，自然地感受到生活处处有法律，法律让我们的生活更美好；通过阅读历史故事、探究刑事案例，观看生动有趣的民法典动画片，交流分享，情景连线和课后实践等体验活动，初步学习了刑法、民法、行政法，并能区分它们之间的异同。重点通过小组修订评价牛奶买卖合同，将民法知识与社会生活实践相结合，体验到如何合法合规地行使权利、履行义务。树立法治信仰，践行法治生活。

法律在不断进步，法治的细节在不断完善，这种进步与完善是通过一代又一代的法律人与民众共同完成的。希望同学们能永远对法律心存敬畏，更要敬畏的是存在于内心深处的道德准则，因为法律是道德的最低标准。

（三）板书设计

我们身边的法律

刑法	规定犯罪和刑罚
民法	维护日常生活秩序
行政法	约束行政机关的权力

调整社会关系　　保护合法权益　　维护公共秩序

（四）作业设计

1. 假如玲玲事件中的商家仍然不同意她退货，请你帮助中心和妈妈向消费者协会进行投诉。说一说或者写一写你要投诉的过程。

2. 有兴趣的同学通过查找资料了解在投诉的过程中应注意哪些问题。

（五）参考资料

［1］中华人民共和国教育部：《义务教育道德与法治课程标准（2022年版）》，北京师范大学出版社，2022年。

［2］罗翔：《法治的细节》，云南人民出版社，2021年。

［3］《中华人民共和国民法典》。

［4］《一生相伴，哪些法律在保护你？》，https：//b23.tv/Z4qsbN0。

［5］《民法典普法动画》，https：//video.weibo.com/show?fid=1034：5053617061953554.

［6］《组织作弊、找人替考……盘点高考中不可行的"刑"为》，https：//haokan.baidu.com/v?vid=6201763438799528541&pd=pcshare&hkRelaunch=p1%3Dpc%26p2%3Dvideoland%26p3%3Dshare_input.

八、教学总结与反思

本节课的设计始终贴近学生生活实际，用生活案例创设情境，引发学生的思考，让学生在分析与思维碰撞中认同法治理念，培养法治精神。

本课是有关生活与法律的一节课，这对于六年级学生来说有一定的难度。我利用希沃白板，通过视频、图片、互动试题等功能，使教学内容更加鲜活，更易加深学生的体验感和认知程度。首先，通过一个学生和妈妈录制的生活案例视频来引起他们的兴趣和讨论，经过正反双方的辩论和深入探究，调动学生学习的积极性，培养他们的思辨能力。从而让学生感受法律对个人生活和公共生活的重要性。这节课充分运用小组合作、任务驱动、案例分析、视频引领、实践操作等活动来帮助学生逐步认识不同的法律调整着不同领域的事务，共同维护着社会的公共秩序。在修订合同这一活动中，为了易于学生学习，调整了课堂活动时间的安排，让各小组先在课前尝试制定一份简单的合同，课上挑选有代表性的两份合同样本，通过相关链接的学习及对照制定合同的要求，让学生以小组互相补充、评价、修订的方式获得知识，掌握技能，提升学科思维能力。情景连线，将生活情境和相关法律联系起来，让学生知道面对不同的问题时，应当寻求哪些法律的帮助，最后用分层作业的设计，落实"双减"政策下的个性化学习、差异化学习方式。将课堂学习内容延伸到生活中，引导学生的生活实践，落实立德树人的根本任务，发挥思政课的价值引领作用。

远离违法犯罪　做健康少年

大连市中山区东港第一小学　张　双

一、课程基本信息

主讲课程：道德与法治

使用教材版本：人民教育出版社（2019版）

教材章节出处：《道德与法治》六年级上册第四单元《法律保护我们健康成长》第九课《知法守法　依法维权》

二、教学设计概述

《知法守法　依法维权》是教材第四单元"法律保护我们健康成长"主题中的第二课，本课有三个板块："用好法律　维护权利""守法不违法""依法维权有途径"。本课对应的课程内容是懂得守法不违法，了解未成年人的权利，增强自我保护意识，学会自我保护；认识未成年人不良行为的危害，知道违法要承担法律责任，自觉抵制不良行为，主动预防未成年人犯罪，养成自觉守法、遇事找法、解决问题靠法的思维习惯和行为方式。

《知法守法　依法维权》是道德与法治课法治教育的内容。法律是基本的社会规则，调整方方面面的社会关系。除法律外，尚有道德、风俗、习惯等社会规则以及校规、班规等组织规则。本课指导学生的维度不仅包括运用法律的方法，也包括运用法律的技巧，要帮助学生在遵守法律法规的前提下，真正用好法律，智慧地处理生活中的问题。

青少年法律意识的淡薄是当今教育忽视的一个问题。本课将视野从未成年人扩大到一般公民，引导学生遵守法律、做守法公民，帮助学生用好法律、维护权利，让学生了解维护权利的途径、方法和技巧。

通过对本课的教学让学生知道认识和预防才是成本最低的维权方式，提高自我保护的意识和能力。对学生进行法治教育，增强其法律意识，遇事用法的思维方式。因此本课题在道德与法治课程中具有不容易忽视的重要地位，它将为日后的学习内容奠定坚实的基础。

本课应引导学生认识到，虽然因年龄原因，未成年人违反民法、行政法、刑法等门类中的某一部具体法律，可能不会受到该法律本身的惩罚，但并非不需要承担任何责任。其中，比较常见的处理方式是由未成年人的监护人承担民事责任，即经济上的赔偿。本课讲解了未成年人违法犯罪需要承担的责任，其中"违法"一般是指触犯《中华人民共和国治安管理处罚法》，"犯罪"是指触犯以《中华人民共和国刑法》为代表的刑事法律。现行刑法虽规定了12周岁、14周岁、16周岁几个年龄节点，但对于小学生来说，他们的绝大多数违法行为并不会成为犯罪，这容易引起学生的认识错误和行为偏差，教材处理这部分内容时有所回避，未直接明示相应规定，而是以未成年的角度介绍违法犯罪行为的后果。因此在教学中，要注意授课的方式和尺度，若遇学生提问，要给予准确、明确的回答，同时引导学生多方面认识违法犯罪行为的危害性。教学时，不仅要利用法律的规定，也要融入违法犯罪的危害、道德准则、社会秩序等知识，培养学生高尚的道德情操，帮助学生养成遵纪守法的行为习惯。

三、学情分析

六年级学生在成长过程中已经接触了许多生活中出现的问题，对于如何处理日常生活事物有了一定的经验和想法。但是，大多数同学还没有形成用法律来解决问题的思维方式，还不具备运用法律知识辨别是非、维护自身合法权益的能力，在自身权利受到侵害或是遇到纠纷时，很难运用法律武器来维护自己的权利。如面对《中华人民共和国未成年人保护法》中未成年人享有的特别权利，生活中我们应该如何用好法律，予以维护。因此，学生要通过本课的学习，了解相应的法律知识，尝试在权利的边界内寻求法律的支持。

四、教学目标

（一）知识与能力

在课堂上，通过对"悔恨的泪水"和"校园欺凌"进行案例分析，学生知道常见的校园欺凌行为有哪些，哪些行为是违法行为。懂得遵守法律，做守法公民，不违法犯罪，树立法律意识。

（二）过程与方法

在课堂上，学生通过课前预习，小组讨论、案例研讨，共同完成活动园的任务等方式，探寻发生欺凌现象的原因，掌握面对欺凌行为时应采用的方法，拒绝欺凌、抵制欺凌，增强法治意识。能区分正常的身体接触与不正当的身体接触，懂得如果遭遇到性侵，应如何自救，拥有用法律思考问题的思维方式。

（三）情感、态度与价值观

在课堂上，加强法制教育宣传，增强学生的自我保护意识，让学生养成知法守法、依法办事的好习惯。

五、教学重点难点

（一）教学重点

1. 知道常见的校园欺凌行为，能认识到欺凌是一种违法行为。
2. 能区分正常的身体接触与不正当的身体接触，懂得如果遭遇到性侵，应如何自救。

（二）教学难点

1. 掌握面对欺凌行为时应采用的方法，拒绝欺凌、抵制欺凌。
2. 知道如果遭遇到性侵事件，应如何进行自我保护。

六、教学设计总体思路

本课时教学逻辑设计：违法犯罪需担责—关于校园欺凌行为的法律规定—预防性侵害。第一个教学环节从总体层面向学生强调，不遵守法律的违法犯罪行为违反了不侵害他人权利这一义务，需要承担责任。第二个教学环节以校园欺凌行为作为切入点，引导学生遵纪守法、关爱同伴，这一环节强调的是面对违法犯罪行为应采取的正确态度，教育学生坚决反对犯罪行为。第三个教学环节以性侵害为切入点引导学生加强自我保护能力，强调面对违法犯罪行为的行为方式，教育学生依法保护自身权利。

七、教学过程

（一）教学流程设计

环节一：导入

教师活动：

1. 法律既维护权利人的合法权益，也对违法犯罪行为进行严厉惩处。一方面，在我们的权利受到侵害时，需要运用法律武器捍卫自己的权益；另一方面，我们也应该遵守法律，做守法公民，不违法犯罪。下面让我们一起来通过杜某某的这个案例学法、守法。

2. 同学们有没有发现针对不同的行为，法律根据情节轻重设置了不同的处理方法，说明我国法律在惩处违法犯罪行为上面是公平公正的。本案中的杜某某因不满十六周岁不予刑事处罚。《中华人民共和国刑法》第十七条规定：因不满十六周岁不予刑事处罚的，责令其父母或者其他监护人加以管教；在必要的时候，依法进行专门矫治教育。

学生活动：讨论、交流，说说杜某某实施了哪三类不良行为，分别受到了哪些处理。

设计意图：让学生解析案例中未成年人的不良行为有哪些。

环节二：案例谈论与辨析

教师活动：

1. 近些年，校园欺凌、校园霸凌等类似事件频繁发生，备受社会的关注。在校园生活中，同学之间相处有许多难以忘怀的愉快时光，但有时也会出现不和谐的音符。你知道什么是校园欺凌吗？

2.《了然的故事》案例中，鲁某和另外两个男孩的行为就属于校园欺凌。想一想，如果你是王然的同学，当你看见鲁某拦住王然时，你会怎么做？下面的哪种做法比较恰当？

做法1：赶紧躲开，假装没看见。

做法2：立即上前阻止鲁某的行为。

做法3：寻求老师的帮助。

请同学们在小组中交流讨论一下，说说你的看法。

3. 生活中如果遇到校园欺凌，我们应该怎样应对呢？让我们来听听中国人民公安大学犯罪学院黄冬副教授的说法。播放视频。

4. 同学们，不只是在校园中，在生活中我们也同样会遇到很多让我们不知道怎么应对的事情。下面请同学们思考下列两幅图中，哪一幅是正常的身体接触？哪一幅是不当的身体接触？

学生活动：

1. 如孤立自己不喜欢的同学、恃强凌弱、强行向同学索要财物、传播谣言、网络欺凌行为等，这些行为危害我们的身心健康，也破坏了和谐有序的校园生活。

2. 交流、谈论、得出结论：作为王然的同学，我们在遇到这种情况时要立即阻止这种不当行为的发生，并立即寻求老师的帮助，躲开假装没看见是不负责任的表现，我们要勇于在校园欺凌面前说"不"，与此同时我们要了解校园严重欺凌行为对应的刑法罪名。

3. 观看视频，得出结论：面对校园欺凌我们可以采取学会说不、沉着应对、缓和气氛、寻求机会四种策略。对于校园欺凌行为，我们可以向有关国家机关请求追究行为人的法律责任。大家共同努力，构建和谐美好的校园生活。

4. 总结哪些行为是正常的身体接触，哪些行为是不当的身体接触。

正常的身体接触包括：妈妈亲吻我的脸、朋友牵着我的手、老师抚摸我的头、爸爸搂着我的肩。

不当的身体接触包括：强行搂抱、强吻、强行与他人发生性行为、触摸他人身体的隐私部位。

图片1：拥抱礼是国外十分常见的见面礼和道别礼，好朋友从美国归来，这种身体接触是正常的。

图片2：邻居张某对小女孩强行搂抱、撕扯衣服的行为明显是不当的行为。

设计意图：本环节引导学生认识到欺凌是一种违法行为，通过对虚拟案例的分析，引导学生形成正确观念，掌握面对欺凌行为应采用的方法，鼓励学生拒绝欺凌、抵制欺凌。同时让学生通过对活动园材料的谈论，区分正常的身体接触和不当的身体接触。

（二）课堂小结

通过今天的学习，我们知道了什么是校园欺凌与应该如何应对，知道了正常的身体接触与不正当的身体接触。让我们知法、守法、用法，在我们的权利受到侵害时，运用法律武器捍卫自己的权益；另一方面，我们应遵守法律，做守法公民，不违法犯罪。

（三）板书设计

法律保护我们健康成长——守法不违法 ｛ 未成年人犯罪
校园欺凌
预防性侵

（四）作业设计

通过人民网、央视网等渠道，了解近些年校园中出现的典型欺凌事件，记录一下自己的看法，班会课上可进行全班交流。

（五）参考资料

人民教育出版社课程教材研究所小学德育课程教材研究开发中心：《义务教育教科书教师教学用书.道德与法治六年级.上册》，人民教育出版社，2019年。

八、教学总结与反思

本课通过三部分教学内容以及对案例的分析引导学生尊重他人的合法权利，自己不做违法犯罪的事情，拒绝欺凌、暴力、性侵害等不良行为，教学中，结合学生年龄特点，在敏感话题上采用图片、视频解说的形式引导学生进行讨论与辨析，进而得出结论。本课中校园欺凌是近年来社会广泛关注的问题，我截取了中国人民公安大学黄东副教授的视频讲座，配合动画解说激发学生的学习兴趣，引导学生探寻发生欺凌现象的原因，学习面对欺凌行为应采取的正确态度和方法，培养学生分析问题、解决问题的能力。

本课内容偏于实践，在教授知识时应注意引导学生学习技巧和方法，授人以渔。同时在引导学生认识违法、犯罪行为时，要在法律之外多关注道德层面，引导学生理解制定法律规则的目的和原因，让学生认同规则，而非机械执行规则。

以宪为纲，依法治国

大连市一〇一中学　崔慧敏

一、课程基本信息

主讲课程：道德与法治

使用教材版本：人民教育出版社（2018版）

教材章节出处：《道德与法治》八年级下册第一单元《坚持宪法至上》第二课《保障宪法实施》

二、教学设计概述

本教学设计以最新版思政课《道德与法治课程标准》和《青少年法治教育大纲》为指导，结合八年级学生的认知特点和心理发展规律，围绕"坚持依宪治国"这一主题，通过讲解宪法的基本知识和权威性，使学生深刻理解宪法在国家治理体系中的重要地位和作用，树立宪法至上的理念。本课立足核心素养，将核心素养的培育作为教育的出发点和落脚点；采取角色扮演、情境体验等方式，引导学生开展自主探究与合作探究；按照灌输性和启发性相统一的原则，做到"灌中有启""启中有灌"，实现说理教育与启发引导有机结合。

传统的教学方法往往以教师为中心，由教师单向传授知识给学生。而现代教学设计强调学生的主体地位，注重培养学生的自主学习和解决问题的能力。因此，本课在教学设计中，采取了多种教学方法，如讲授、讨论、案例分析、小组合作等，以满足不同学生的学习需求和发展特点。

教学设计的亮点之一是启发性的教学内容。传统的教学内容往往以教材书中的知识为主,侧重于传授事实和概念。而现代教学设计注重培养学生的创造思维和解决问题的能力,因此,本课在教学设计中引入了一些具有启发性的教学内容,如习近平讲话,有趣的问题、实例等,以激发学生的思考和学习兴趣。

教学设计的特色之一是情景化的教学环境。传统的教学环境往往是教师、黑板和讲台。学生在此被动地接受教师的指导。而现代教学强调学生实际应用能力和情感体验,因此,本课在教学设计中创设情景化的教学环境,即角色扮演,以提高学生的学习效果和应用能力。

本课在设计过程中充分利用现代信息技术与丰富的教育资源,为教学提供强大的技术与资源支持,如数字化教学资源库等,为学生提供便捷、高效的学习工具与资源。

综上所述,本教学设计以《道德与法治课程标准》和《青少年法治教育大纲》为基本遵循,注重培养学生的宪法意识和法治观念,通过情境导入、案例分析、角色扮演、互动探究和情感升华等多种教学手段,使学生在轻松愉快的氛围中学习宪法知识,增强法治素养和社会责任感。

三、学情分析

八年级学生正处于青春期,思维活跃,对法律知识有好奇心和探索欲。他们通过之前的学习,已有一定的法律基础,但对宪法的深入理解和实际应用能力尚显不足。八年级学生缺乏系统思维能力,对于法治教育的内容还不能形成整体性、关联性和结构性的认知。只有正确认识和理解宪法的地位和作用,才能主动学习宪法、正确认识宪法、积极践行宪法,从而更好地提升法治观念核心素养。在教学时,应注重引导学生从生活实际出发,理解宪法的重要性及其保障措施。同时,针对这个学段的学生,需采用不同的教学方法和策略,确保内容既具有吸引力,又能被学生有效吸收。通过案例分析、角色扮演等互动形式,激发学生对宪法学习的兴趣,提高他们的法律素养和实际应用能力。

四、教学目标

1. 通过观察宪法的目录、诵读宪法条文、阅读分析等多种学习方式，进而了解宪法的构成、内容和本质。明确宪法是党和人民意志的统一，是国家的根本法。

2. 通过观看习近平宪法宣誓视频和正反辩论，感受宪法至高无上的权威。理解宪法是一切组织和个人的根本活动准则；一切组织和个人都必须维护宪法权威，捍卫宪法尊严，保证宪法实施，依照宪法和法律行使权力或权利，履行义务或职责，都不得有超越宪法和法律的特权，一切违反宪法和法律的行为都必须予以追究。同时提高思辨水平、论证能力、口语表达能力。

3. 通过小组活动"我为法律代言"，归纳宪法同其他法律在内容上、法律权威上、修改和制定程序上的区别，理解宪法具有最高的法律地位、法律权威和法律效力。同时培养自主、合作、探究的能力以及分析、归纳、解决问题的能力，进而提高自身明辨是非的能力，增强法治意识。

4. 通过阅读材料和观察图片，理解保障宪法的实施必须完善以宪法为核心的中国特色社会主义法律体系，懂得社会主义制度的优越性，增强国家认同感，培养爱国主义情感。

五、教学重点难点

（一）教学重点

青少年是祖国的未来，民族的希望，他们的法律意识，法治观念直接关系到我国建设社会主义法治国家的进程。但是在现实生活中个别青少年学生法治意识比较淡薄，对宪法的认识还十分不够。因此，如何引导青少年增强宪法意识，树立宪法观念，将践行宪法作为个人行为的根本准则，用实际行动维护宪法的权威，捍卫宪法的尊严，是本课教学的重点。

（二）教学难点

理解宪法是一切组织和个人的根本活动准则，具有最高的法律效力。中国共产党作为执政党，要坚持依宪施政。宪法是党和人民意志的集中体现，是国家的根本法。在教学中需要采用生动具体的教学方法，如案例分析、角色扮演等，将抽象的理论知识转化为具体的实践情境，帮助学生更好地理解和掌握宪法的相关内容。

六、教学设计总体思路

本节课内容属于部编版《道德与法治》八年级下册教材，是本册内容中的第一单元第二课中的第一框，它既是本册内容的开篇，又统领全册；既作为本册内容的灵魂，同时又有承上启下的作用。从在本单元的地位来看，本课起着承上启下的作用，既有助于落实宪法的相关知识，又有助于领会宪法的精神，为后面知识的学习打下坚实基础，提高学生学习宪法，了解宪法，尊重宪法，热爱宪法，热爱自己国家的意识和责任感。

本课程设计遵循八年级学生的认知发展规律，注重从实际生活出发，通过案例讨论、角色扮演等方式，使学生理解宪法的重要性和实施保障的必要性。在教学内容上，结合学段特点，深入浅出地讲解宪法原则、宪法权威性等知识点，培养学生的法治意识和公民责任感。教学方法上，以学生为中心，通过小组合作、互动问答等形式，激发学生的学习兴趣和主动性。教师作为引导者，适时点拨，帮助学生构建知识体系。同时，利用信息化手段，如多媒体教学、网络资源等，丰富教学内容，提高教学效果。

七、教学过程

（一）教学流程设计

环节一：情境导入

教师活动：

1. 播放《宪法日宣传片》视频。

2. 通过视频我们能感受到宪法的地位，上节课我们学习了宪法是党的主张和人民意志的统一，是治国安邦的总章程。为了更好地全面了解宪法、学习宪法，相信同学们也有兴趣了解一下宪法的组成和具体内容，以及法律地位。今天我们一起来学习"坚持依宪治国"。

3. 视频是关于什么的？从中你能感受到什么？

学生活动：观看视频并回答问题。

设计意图：通过播放与宪法相关的短视频，激发学生的好奇心和探究欲望，使他们更加关注宪法。通过视觉冲击，迅速吸引学生注意力，为接下来的深入学习做铺垫。

环节二：探究议题一：根本的活动准则

教师活动：

1. 活动一：观察目录——知构成

请同学们打开手中的宪法，翻开目录页，认真观察，找一找宪法由哪几部分构成。

2. 活动二：诵读条文——知内容

现在我们知道了宪法的构成，接下来让我们一起读一读宪法吧。教师补充材料，用PPT呈现宪法序言节选、宪法第一条、宪法第三十五条、宪法第五十二条、宪法第五十七条、宪法第五十八条。

3. 活动三：分析材料——知本质

请同学们阅读本段材料，并思考：为什么要对宪法草案进行全民讨论？

4. 活动四：观看视频——知权威

播放习近平宪法宣誓的视频并提问：国家领导人为什么要带头维护宪法权威？

5. 活动五：辩论观点——知地位

（1）宪法具有至高无上的权威，而党是最高政治领导力量。两者的关系是怎样的呢？请看下面两种不同观点。正方：中国共产党应该和其他政党、团体、组织一样，不得有超越宪法和法律的特权。反方：中国共产党领导人民制定了宪法，中国共产党可以不受宪法约束。

指导学生分组讨论，鼓励学生积极展开辩论。

（2）中国共产党作为我国的执政党，领导人民制定了宪法。宪法既体现了人民的意志，又体现了党的方针、政策和主张。中国共产党更应该模范地遵守宪法，如果不遵守宪法，就会降低党的威信，削弱人民群众对党的信仰和拥护。因此，任何组织和个人都不得超越宪法和法律的特权。

学生活动：

1. 翻开手中的宪法，观察目录，找到宪法的构成。回答：我国现行宪法除序言外，设有第一章总纲，第二章公民的基本权利和义务，第三章国家机构，第四章国旗、国歌、国徽、首都，共四章一百四十三条。

2. 阅读宪法条文并总结归纳宪法的主要内容。回答：宪法规定了我国的国家性质、根本制度、根本任务、公民的基本权利和义务、国家机构的设置及其职权等国家生活中的最根本、最重要的问题，涉及政治、经济、文化和社会生活等各个方面。

3. 回答：动员全面讨论宪法草案，广泛吸收人们的意见进行修改补充，使宪法草案更充分地体现人民的意志。我国宪法是党和人民意志的统一，是国家的根本法。

4. 观看视频并回答问题。回答：宪法具有至高无上的法律权威。宪法的权威关系国家的命运、社会的安定和人民的根本利益。如果宪法没有权威，法治的权威就树立不起来；人民权利和自由就无法保证。

5. 小组讨论并展开辩论。

设计意图：让学生通过观察、诵读、阅读分析等多种学习方式，了解宪法的构成、内容；明确宪法是党和人民意志的统一，是国家的根本法；通过观看视频和辩论，感受宪法至高无上的权威，理解宪法是一切组织和个人的根本活动准则，同时提高思辨水平、论证能力、口语表达能力。

环节三：探究议题二：最高的法律效力

教师活动：

1. 在本环节开始之前，请同学们以小组为单位，从宪法、民法典、刑法、立法法、义务教育法、未成年人保护法等法律中，选取一部为它"代言"，了解自己所代言的这部法律的主要内容，背诵该法律的第一条规定。并仿照格式写好代言词。代言词格式如下："我为××代言，我规定了……"最后回答问题：从内容看，宪法和其他法律有何不同？

2. 从各位"代言人"背诵的该法第一条的规定中，你能发现什么？说明了什么？

3. 是不是所有的法律都是这样？让我们一起看一看。说出任意一部法律，然后上网检索，验证各法律的第一条是不是都有"根据宪法，制定本法"这一内容。引导学生归纳并且用多媒体展示。

4. 请同学们阅读教材第25页探究与分享并回答问题：为什么宪法的制定和修改程序比其他法律更加严格？

5. 展示PPT法律树。我国已经建立起比较完备的中国特色社会主义法律体系，法律体系中的每部法律都有其独特的作用。宪法的规定具有原则性的特点，宪法是公民基本权利的根本确认和保障。各种法律制度是对宪法规定的具体落实，对公民基本权利的实现具有不可替代的作用。宪法是国家法制统一的基础。全面依法治国，保障宪法实施，必须完善以宪法为核心的中国特色社会主义法律体系。

学生活动：

1. 各位"法律代言人"在小组内进行自我介绍，然后在班内进行交流发言，并回答问题。

2. 回答：从内容上看，宪法所规定的内容是国家带有全局性、根本性的问题。而其他法律所规定的内容通常只是国家生活的一般性问题。是对刑事、民事、行政等国家生活和社会生活中某一方面的规定。

3. 回答：都有"根据宪法，制定本法"一句。宪法具有最高的法律效力。宪法是其他法律的立法基础和立法依据。其他法律是根据宪法制定的，不得与宪法的原则和精神相违背，否则就会因违宪而无效。

4. 回答：宪法的制定和修改程序比其他法律更加严格。严格的制定和修改程序，一方面使得宪法的内容具有更广泛的民意基础，另一方面可保障宪法的长期稳定性，使国家长治久安、社会健康发展。

5. 通过观察"法律树"和教师的讲解，理解宪法是国家法制统一的基础。

设计意图：让学生通过小组活动"我为法律代言"，归纳宪法同其他法律在内容上、法律权威上、修改和制定程序上的区别，理解宪法具有最高的法律地位、法律权威和法律效力。情境式的小组活动既可以使教学内容变得生活化，激发学生的学习兴趣，又能发挥小组合作的优势，同时培养自主、合作、探究的能力和分析、归纳、解决问题的能力，进而提高自身明辨是非的能力，增强法治意识。通过教师讲解和法律树图片的呈现，图文结合理解宪法与其他法律相辅相成，宪法是我国法制统一的基础，保障宪法实施，必须完善以宪法为核心的中国特色社会主义法律体系。

（二）课堂小结

总结学生的讨论成果，强调宪法的权威性，引导学生思考如何在日常生活中践行宪法精神。学生反思学习过程，分享学习心得，提出自己的践行宪法的计划和行动。

同学们，通过今天的学习，我们深入了解了宪法的崇高地位。宪法作为国家的根本大法，具有最高的法律效力和权威性。我们每一位公民都应该树立宪法意识，自觉维护宪法的尊严和权威。同时，我们也要认识到，保障宪法实施不仅是国家的责任，更是每一个公民的义务。在日常生活中，我们要做到学法、懂法、守法、用法，用实际行动来践行宪法精神，共同营造尊法学法守法用法的良好氛围。

（三）作业设计

诵读感兴趣的宪法条文，并与同学们分享感受。

（四）参考资料

［1］《中华人民共和国宪法》。

［2］中华人民共和国教育部：《义务教育道德与法治课程标准（2022年版）》，北京师范大学出版社，2022年。

［3］《习近平主席进行宪法宣誓》，http：//tv.people.com.cn/n1/2018/0317/c141029-29873385.html.

八、教学总结与反思

本次《以宪为纲，依法治国》的教学流程设计以学生为中心，注重情境创设与议题引导，旨在提升学生的法治素养。通过短视频导入、模拟情境、案例分析和辩论等方式，让学生感受到宪法在国家生活中的崇高地位，对宪法有了更深入的理解。本节课充分发挥小组合作优势，唤醒学生的主体意识，让学生积极主动地参与课堂活动。课堂氛围活跃，学生参与度高。然而，在实际教学过程中，也存在一些不足。案例分析的深度和广度有待拓展，从而更好地满足学生的学习需求。没有充分考虑到学生的学习风格和需求差异，导致部分学生感到学习困难。未来，将进一步优化教学设计，丰富教学资源，注重培养学生的法律思维和实践能力；加强对学生个体差异的关注，因材施教，促进每个学生的全面发展。

青少年善用法律同违法犯罪做斗争

锦州市第十二中学 李 华

一、课程基本信息

主讲课程： 道德与法治

使用教材版本： 人民教育出版社（2017版）

教材章节出处： 《道德与法治》八年级上册第二单元《遵守社会规则》第五课《做守法的公民》

二、教学设计概述

《青少年法治教育大纲》指出："初步树立法治意识，养成规则意识和尊法守法的行为习惯，初步具备依法维护自身权益、参与社会生活的意识和能力，为培育法治观念、树立法治信仰奠定基础。""初步了解我国司法制度的基本原则，建立尊重司法的意识。初步理解程序正义在实现法治中的作用，建立依法处理纠纷、理性维护权利的意识。"

以最新版的思政课《课标》和《大纲》为基本遵循，阐述本教学设计的思路、理论依据以及设计特色。

（一）教学设计思路

分为教学目标设计、教学重难点设计、教学方法设计、教学过程设计、教学资源、教学评价等几个方面。以上教学设计，可以让学生在积极参与的氛围中，深入了解道德与法治的重要性，并培养其道德判断力和法治意识，从而使其更好地在生活中践行道德与法治。

（二）理论依据

1. 认知发展理论：根据皮亚杰的认知发展阶段理论，学生在不同的年龄阶段具有不同的思维和认知能力。教学设计应根据学生的认知水平来选择合适的教学方法和内容。

2. 社会学习理论：班杜拉的社会学习理论强调观察学习和榜样的重要性。教学设计可以利用榜样的力量，引导学生通过观察和模仿来学习道德和法治行为。

3. 情感教育理论：情感教育理论认为情感因素对学习和行为具有重要影响。教学设计应关注学生的情感体验，培养学生的积极情感，促进道德和法治的内化。

4. 法治教育理论：法治教育理论强调培养学生的法治意识和法治精神。教学设计应通过案例分析、法律条文解读等方式，让学生了解法治的重要性和实践方法。

（三）教学设计特色

1. 主体性：强调学生的主体地位，鼓励学生积极参与讨论、表达观点，培养学生的自主思考和判断能力。

2. 多元化教学方法：运用讲授、讨论、案例分析、小组合作等多种教学方法，以满足不同学习风格和需求的学生。

3. 与生活紧密联系：教学内容贴近学生的生活实际，使学生能够将所学知识与日常生活中的道德和法律问题相联系，提高他们的道德素养和法治意识。

4. 评价多元化：采用多元化的评价方式，如课堂表现、作业、项目实践等，全面评估学生的学习成果和能力发展。

三、学情分析

八年级学生正处于青春期，这个阶段的学生在心理和生理上都经历着较大的变化。以下是一些八年级道德与法治学情的分析。

（一）心理特点

八年级学生通常具有更强的自我意识，开始关注自己的形象、身份和社会地位。他们可能对社会现象和问题产生浓厚的兴趣，但同时也可能因为缺乏全面的认知而产生偏见或误解。

（二）思维发展

这个年龄段的学生思维逐渐趋于成熟，但仍需进一步发展逻辑推理、批判性思维和解决问题能力。他们对抽象的概念和原则理解能力有所提高，但可能在具体应用时遇到困难。

（三）社会环境影响

八年级学生受到家庭、朋友、媒体和社会的影响较大，这些因素可能对他们的价值观和行为产生积极或消极的影响。

（四）学习需求

八年级学生在道德与法治学习中可能需要更多的实际案例、情境体验和互动讨论以帮助他们理解和应用所学知识。同时，教师也需要关注学生的个体差异，提供适当的指导和支持。

基于以上学情分析，教师在进行道德与法治教学设计时，应考虑学生的心理特点和认知水平，采用多样化的教学方法，激发学生的学习兴趣，培养他们的道德素养和法治意识。

四、教学目标

1. 通过本课教学，引导学生知道要依靠法律维护自己的合法权益，了解维护合法权益的途径及法律服务机构，知道诉讼是处理纠纷、应对侵害最正规、最权威的手段，了解诉讼的三种类型。

引导学生明白同违法犯罪作斗争是全体公民义不容辞的责任，懂得青少年面对违法犯罪时要勇于斗争，善于斗争，正确认识见义勇为，提高辨别是非、辨别善恶的能力。

引导学生感受法律权威，提高法治意识，在严格要求自己的同时，提高依法保护自己、维护自身合法权益的能力。

2. 让学生进一步了解法律与政治认同、道理修养、法治观念、健全人格、责任意识的关系。

（1）政治认同：践行和弘扬社会主义核心价值观，增强法治意识，增强对依法治国基本方略的政治认同。

（2）道德修养：践行以遵纪守法为主要内容的道德要求，做社会的好公民；维护社会秩序，理性维护社会公德。形成健康文明的生活方式，珍惜美好生活。

（3）法治观念：了解公民的合法权益一律平等地受到法律保护，对任何人的违法犯罪行为都依法予以追究；了解法律对个人生活、社会秩序的作用；了解以民法典为代表的、与日常生活相关的法律，树立法治意识，养成守法用法的思维方式和行为习惯；了解和识别可能危害自身安全的行为，具备自我保护意识，掌握基本的自我保护方法，预防和远离伤害。树立依法维权意识，知道遇到侵害，依法求助；懂得要有勇有谋，应对违法犯罪。

（4）健全人格：理解个人与社会的关系，积极适应社会的发展变化；真诚、友善拥有同理心，相互支持，相互帮助，具有互助精神。

（5）责任意识：具有民主与法治意识，守规矩，重程序，能够依法参与公共事务，根据规则参与校园生活的民治实践；关心社会。明白同违法犯罪行为做斗争，是每个公民义不容辞的责任。

五、教学重点难点

（一）教学重点

遇到侵害，学会依法维护合法权益。

（二）教学难点

善于同违法犯罪作斗争。

（三）突破策略

本部分内容对于学生来说较难理解，教师鼓励学生提前查阅相关资料，形成个人的微型研究成果，为学习打下基础。

对于"法律服务机构",如法律服务所、律师事务所、公证处、法律援助中心等,学生比较陌生,理解起来也比较有难度。教学可以通过实践活动来进行,比如学生可以提前走进这些机构,提前感受和学习。

对于"诉讼"这一维权途径,教师可以用如下几种教学方式处理:其一,教师结合当地实际,选择让学生参与社会实践的方式来进行教学。如带领学生走进法院,旁听人民法院的审案,组织学生进行"模拟法庭"等活动。让学生体会法律权威,同时也让学生深刻理解与日常生活密切联系的这些法律机构和专业的法律知识,突出重点,突破难点。其二,介绍典型案例。比如教材第59页"探究与分享"中小峰的案例,是发生在学生身边的事情,而且也是学生都可能会遇到的问题,因此学生学习起来会比较有感触。通过对这一案例的分析,使学生懂得未成年人可以通过诉讼的方式来解决问题,维护自己的合法权益,从而增强维权意识。

六、教学设计总体思路

本课分为两目,在第一目"遇到侵害依法求助"中采用教材上的案例,通过一步步地分析维权之路,明确权益受到侵害时我们要用法律维护自己的合法权益,可以通过法律机构维护自己的合法权益,也可以寻求国家的法律救济;这里要着重讲解一下诉讼途径。在第二目"有勇有谋应对违法犯罪"中通过一个情境和一个视频来明确为何和如何有勇有谋应对违法行为,明确可以见义勇为,但更提倡见义智为,要树立社会主义法治精神,努力成为社会主义法治的忠实崇尚者、自觉尊重者和坚定捍卫者。

七、教学过程

(一)教学流程设计

环节一:情境导入

教师活动:

1. 在全面推进依法治国、加快建设社会主义法治国家的新时代,遵纪守法是我们共同的追求和自觉行动。在社会生活中,我们要学会运用法律维护合法权益,提高用法的自觉性和依法从事社会活动的能力。

今天我们来学习"善用法律"。

2. 播放以法律保护自己的公益广告《依法维权》视频。

你遇到过类似的事情吗?你当时是怎么做的?

学生活动:看视频思考、回答问题。

设计意图:通过视频调动学生的积极性,导入新课。

环节二:出示目标

教师活动:让学生大声齐读学习目标,带着目标进行新课的学习。

学生活动:齐读,带着目标进行新课的学习。

设计意图:明确本节课的学习目标,为新课做准备。本活动设计通过社会实践活动,组织学生走进社会大课堂;引导学生深刻理解所学知识;增强学生运用知识解决所学知识的能力,从而突破本课所要解决的目标。

环节三:交流展示

教师活动:以小组为单位分享预习成果,交流展示。思考以下问题,并将答案在课本上画出。

(1)遇到侵害时,怎样维护合法权益?

(2)提供法律服务和帮助的机构有哪些?

(3)诉讼的含义、地位、种类?

(4)为什么要同违法犯罪作斗争?

(5)青少年怎样同违法犯罪行为作斗争?相互交流预习成果,展示成果。

学生活动:自主思考并画出答案。

设计意图:思考教师预留的问题,有利于让学生认识到依法维权的重要性,初步养成法治意识的核心素养。

环节四:精讲点拨①遇到侵害依法求助

教师活动:

1. 播放新修订的《未成年人保护法》和《预防未成年人犯罪法》相关视频。两项法律的修订体现了什么?谈谈感受?

2. 生活在法治社会，社会生活的方方面面都离不开法律的保护，我们要学会用法律与人打交道，学会使用法律保护自己。

3. 让学生看大屏幕材料或阅读课本58页两则案例材料。

（1）请分别评价两则材料中王某和村民的维权行为。

（2）两则材料对你有什么启示？

4. 王某在维权时采取了以恶治恶，以牙还牙的形式，最终受到了法律的制裁，不可取；村民通过法律途径维护了自己的合法权益，是值得学习的。这两则材料告诉我们在生活中要学会依法维权，及时寻求法律救助，依靠法律维护自己的合法权益。

学生活动：

1. 观看视频，思考问题。

2. 看材料，思考并回答问题。小组合作探究。（要求大声讨论，做好标记，小组长查漏补缺，选好代表进行展示）

环节五：精讲点拨②法律帮助维权思考

教师活动：

1. 结合自学知识，说一说我们寻求法律帮助的途径有哪些。

2. 我们可以通过法律服务机构来维护合法权益。在遇到法律问题时获得及时有效的法律帮助。引导学生学习四种法律服务机构。

受到非法侵害，可以寻求国家的法律救济。引导学生学习法律救济的形式；强调受到违法侵害必要时要到人民法院进行起诉。

3. 如果你是王某，你想寻求以上什么途径帮弟弟维权？

4. 王某可以与李某协商，要求对方承担相关责任。协商不成，或向派出所报案等。

学生活动：

1. 思考并回答问题。

2. 通过前边学习的救助途径回答问题。

环节六：精讲点拨③诉讼维权最权威

1. 让学生阅读教材第59页"探究与分享"。

2. 小峰是通过什么方式维护自己的合法权益的？你了解这种维权方式吗？

3. 诉讼途径，打官司。

根据诉讼的含义、地位、使用情况，进行学习指导。引导学生浏览课本，在课本上标画出答案。

诉讼是人民法院在诉讼当事人参与下，依照法定程序解决纠纷和冲突的活动。诉讼是处理纠纷、应对侵害最正规、最权威的手段，是维护合法权益的最后屏障。如果受到非法侵害后采取其他方式不能解决问题，或者认定只有通过诉讼途径才能维护合法权益，我们就要使用诉讼手段，通过打官司讨回公道。教师强调诉讼是维权的最正规、最权威的手段，是维护合法权益的最后屏障。学习三种诉讼途径：民事诉讼、行政诉讼、刑事诉讼。出示三个案例分析，组织学生分析诉讼种类。

4. 启发引导学生讨论交流，师生共同总结。见义勇为是一种高尚的品质。但是，身为未成年人，体力不具优势，心智尚未成熟，如果鲁莽行事，自己极易受到伤害，也不利于制止违法犯罪。

学生活动：

1. 看课本，思考问题，交流成果与看法。

2. 边看课本边标画，记关键词。

环节七：精讲点拨④正当防卫与紧急避险受法律保护

教师活动：

1. 播放视频，展示正当防卫案例，出示《中华人民共和国刑法》法律条文。

2. 在面对违法犯罪时，我们要善于斗争，在保全自己、减少伤害的前提下，巧妙地借助他人或社会力量，采取机智灵活的方式，同违法犯罪作斗争。我们要学习与违法犯罪作斗争的常见方法。我们要积极弘扬社会主义法治精神，形成守法光荣、违法可耻的观念，就要做到自觉守法、遇事找法、解决问题靠法，努力成为一名社会主义法治的忠实崇尚者、自觉遵守者和坚定捍卫者。

学生活动：观看视频并思考。

设计意图：通过各种教学方式展开教学，引导学生对案例产生深刻理解，引发学生的自我反思和对知识的自我建构。在解决问题的过程中，促进学生深刻理解诉讼这一维权途径，提高学生的维权意识及日常生活中维权的能力。

环节八：拓展延伸

教师活动：

1. 学完本课，面对如此局面，你觉得这六名考生该如何维权？

2. 应灵活运用维权方式。

学生活动：小组交流，整理答案。

设计意图：通过开展拓展活动，帮助学生进一步加深对本节课知识的理解，学会借助所学知识分析社会问题，理论联系实际；培养学生法治观念，落实学科素养的要求。

（二）课堂小结

这节课我们学习了在遇到法律问题或者权益受到侵害时，要及时寻求法律救助，依法维护自己的合法权益。

我们要弘扬社会主义法治精神，形成守法光荣、违法可耻的观念，做到自觉守法、遇事找法、解决问题靠法，努力成为一名社会主义法治的忠实崇尚者、自觉遵守者和坚定捍卫者。

（三）作业设计

1. 晓红在父母离异后随妈妈生活，后来妈妈下岗了，晓红爸爸原来每月支付给她的生活费也无故停付了，母子俩生活陷入困境。晓红面临辍学。为此，晓红可采取的正确做法有（　　）

①向当地人民法院提起诉讼，利用法律武器维权　②外出打工，自食其力　③通过向居委会或父母双方单位反映情况，寻求调解　④申请法律援助

A. ①③④　　　　　　　　　　B. ②③④

C. ①②④　　　　　　　　　　D. ①②③④

2. 小松在课间下楼梯时，不小心踩到小武的右脚，小松赶紧说"对不

起"。但在放学后小武就叫几个哥们儿在校门口将小松暴打一顿,结果小松被打伤,用去医疗费1213元。后经学校调解,小武的父母付清医疗费,并带小武向小松赔礼道歉,事情圆满解决。这种解决事情的方式属于（　　）

  A. 非诉讼途径　　　　　　B. 法律援助

  C. 法律服务　　　　　　　D. 诉讼途径

3. 中学生陈云帆发现有人慌慌张张地从邻居家搬出一些物品,于是躲在一旁"窥视"。看到那些物品被装上一辆小货车后,陈云帆便记下车牌号。后来警方通过陈云帆提供的车牌号破案,抓住了窃贼。这说明他（　　）

①懂得要防范侵害,见义勇为

②善于同违法犯罪行为作斗争

③懂得未成年人受到法律特殊保护

④能够明辨是非,维护正义

  A. ①②　　　　　　　　　B. ②④

  C. ①②③　　　　　　　　D. ①②④

4. 某中学学生丁某,七年级时经常旷课逃学,屡教不改。升入八年级后,又沉迷于网络,为了去网吧上网,他由偷家里的钱发展到偷别人的手机,甚至把学校的电脑零部件偷去卖,结果被行政拘留。等到九年级,他在网上结交了一些坏朋友,一起在社会上滋事生非。一天,他参与打群架,在斗殴中用利器把对手刺成重伤,最终丁某受到刑罚处罚。

（1）指出上述案例中,丁某哪些行为属于一般违法行为,哪些行为属于犯罪?

（2）作为一名中学生,我们怎样做才能避免走上犯罪的道路?

(四) 参考资料

[1] 许汝罗、王永亮:《思想道德修养与法律基础学生辅学读本》,高等教育出版社,2006年。

[2] 中华人民共和国教育部:《义务教育道德与法治课程标准（2022年版）》,北京师范大学出版社,2022年。

八、教学总结与反思

通过这节课的学习,同学们要明确作为新时代的中学生,要提高自身的法律意识,自觉学习基本的法律知识,逐步培养法律意识,成为一个遵纪守法的好公民,要善于运用法律来保护自己的合法权益不受侵犯,在面对违法犯罪行为时要有勇有谋应对!

本课紧扣教学知识点——善用法律,层层设计问题,帮助学生理解遇到非法侵害应依法求助。教学策略上采取情景教学和案例教学等方法,激发学生的学习热情,拓展学生的思维广度和深度,促进学生学习能力提升;培养学生树立法治意识和法治观念,提高法治素养,共建法治国家。但是,本课教学内容,学生生活中接触不多、了解不多,课前没有足够的知识储备。需要教师拓展相关知识,提升综合素养。

法治之路，我们携手共进

大连市长海县第一中学　姜　红

一、课程基本信息

主讲课程： 道德与法治

使用教材版本： 人民教育出版社（2023版）

教材章节出处： 《道德与法治》七年级上册第四单元《走进法治天地》第十课《我们与法律同行》

二、教学设计概述

在《法治之路，我们携手共进》的教学设计中，首要考虑的是如何有效地将法律知识与学生的日常生活紧密结合，使抽象的法律条文变得生动而有趣。教学设计遵循最新版的思政课《课标》和《大纲》，紧扣不同学段思政课的教学目标，以培养学生的法治意识、法律素养和实践能力为核心目标。

生活化呈现：教学内容要贴近学生生活，以实际案例和情境模拟的形式展现法律知识，使学生能够在实际情境中理解和运用法律。

层次化推进：根据不同学段学生的认知特点和心理发展规律，合理安排教学内容，由浅入深、由易到难，逐层推进，确保学生能够逐步掌握法律知识。

互动性增强：教学过程中要注重学生的参与和互动，鼓励学生发表观点、进行讨论，形成师生互动、生生互动的良好课堂氛围。

教学设计的理论依据主要来自于教育学、心理学和法律学等多个学科。教育学方面，强调以学生为中心，注重学生的主体性和能动性；心理学方面，关注学生的认知发展规律和情感需求，强调教学内容的心理适应性；法律学方面，则注重法律知识的系统性和实用性，确保学生能够掌握并正确运用法律知识。

《法治之路，我们携手共进》的教学设计具有以下几个特色：

1. 案例分析法：通过引入真实案例，分析案例中的法律问题，使学生能够深入理解法律条文背后的深层含义和实际应用。

2. 角色扮演法：通过角色扮演的方式，让学生在模拟的情境中扮演不同的角色，亲身体验法律的约束力和公正性。

3. 多媒体教学：利用多媒体教学工具，如PPT、视频、动画等，使教学内容更加生动有趣，激发学生的学习兴趣和积极性。

4. 课后拓展：设计课后拓展活动，如小组讨论、法律咨询服务等，让学生在课后也能够继续深化对法律知识的理解和掌握。

在教材内容的把握上，我们严格按照最新版的思政课《课标》和《大纲》进行筛选和组织。教材内容既全面覆盖法律知识的各个方面，又注重与学生生活实际的结合，使学生在学习法律知识的同时，也能够感受到法律对个人和社会的重要性。

综上所述，《法治之路，我们携手共进》的教学设计旨在通过生活化、层次化、互动化的教学方式，培养学生的法治意识、法律素养和实践能力，使其成为遵纪守法、具有良好法律素养的公民。

三、学情分析

初中学生处在人格成长的关键期，他们的世界观和人生观尚未形成，分辨是非的能力较差，自我控制能力不强，容易受到不良因素的影响，出现一些不良行为，有的甚至走上违法犯罪的道路，影响自身的成长。使青少年具有尊重公序良俗牢固树立规则意识和契约精神，着力提高青少年的法律意识和法律素养，是青少年适应现代社会、承担建设社会主义法治国家历史重任的需要。

在思想特点上，学生处于青少年时期，思维活跃，好奇心强，对法律有初步的认识但缺乏深入的理解。在知识储备方面，学生对基础法律知识有所了解，但系统性和深度不足。能力水平上，学生具备一定的分析、归纳能力，但在法律应用方面还需加强。学情分析显示，学生对法律话题有一定的兴趣，但存在认知上的误区和盲点。

四、教学目标

本课所依据的课程标准的相应部分是"成长中的我"中的"心中有法"。具体对应的内容标准是"掌握获得法律帮助和维护合法权益的方式和途径，提高运用法律的能力"。

本节课是本单元的最后一节课，也是本册书的最后一节课，是全书的落脚点。引导学生从学会依法办事和树立法治信仰等方面，为推进法治中国建设贡献自己的力量，为后面继续学习法律知识奠定基础。法治是现代社会的一个基本框架，大到国家的政体，小到个人的言行，都需要在法治的框架中运行。作为现代公民，理应为法治中国建设做出自己的贡献，学会依法办事，树立法律信仰。

因此设定如下教学目标：

1. 知道依法办事的原因、定义以及怎样依法办事；懂得要树立法律信仰的原因及作为青少年应怎样推进法治中国的建设，达到政治认同。

2. 通过理解依法办事的原因，知道依法办事的定义及怎样依法办事；明白道德与法治的关系，懂得树立法律信仰的原因，知道青少年也是法治中国的推动者，提高道德修养。

3. 通过用法律知识分析简单的案例，培养判断思维能力和概括问题的能力，培养健全人格。

五、教学重点难点

（一）教学重点：树立法治意识

法治意识是现代公民必备的基本素质。在我们的日常生活中，无论大小事务，都需要依法进行。因此，教学重点在于帮助学生树立法治意识，认识到法律的重要性，明确自己的行为准则，做到守法、用法、护法。通过案例分析、角色扮演等教学活动，使学生能够深入理解法律的作用，自觉遵守法律规定，形成良好的法治习惯。

（二）教学难点：学会依法办事

依法办事是法治意识的具体体现。然而，在实际生活中，很多学生由于缺乏经验和法律知识，往往难以正确运用法律知识解决实际问题。因此，教学难点在于如何教会学生依法办事。在教学过程中，应注重培养学生的实践能力，通过模拟情境、案例分析等方式，使学生学会运用法律知识解决实际问题，提高他们的法律素养和实践能力。

六、教学设计总体思路

《法治之路，我们携手共进》课程设计旨在结合不同学段学生的特点，采用循序渐进的教学方法，确保学生在掌握法律知识的同时，也能培养法治意识和实践能力。教学内容上，我们注重根据学生的认知水平和兴趣点，选择贴近生活、易于理解的法律案例，通过案例分析、角色扮演等互动式教学方法，激发学生的学习兴趣，提高他们的参与度和学习效果。同时，我们充分利用信息化手段如多媒体教学、在线法律资源等，为学生创造丰富多样的学习环境，帮助他们更好地理解和掌握法律知识。这样的课程设计不仅体现了以学生为中心的教学理念，也有效地提升了学生的法治素养和实践能力，让道德与法治的核心素养真正落地。

七、教学过程

（一）教学流程设计

环节一：情境导入

教师活动：运用你的经验，欣赏立法、执法、司法、守法图片。思考这些做法对我们的生活有什么影响？出示本课学习内容。

学生活动：带着问题阅读教材。

设计意图：展示图片，渲染气氛，为导入新课做好铺垫。

环节二：设疑探究，深入辨析，生成观点；议题一：树立法治意识我做到

教师活动：

1. 播放习近平总书记向宪法宣誓视频。国家工作人员在就职时公开进行宪法宣誓有什么意义？

2. 法治就是把一切都纳入法治轨道上来，其他的行为规范，比如道德，就不重要了。你同意上面这个观点吗？请说明理由。

3. 建设法治中国，青少年应该怎么做？

学生活动：

1. 分析问题并总结：①有助于树立宪法权威，推进依法治国的实施。②有助于维护法律的尊严。③有助于国家工作人员增强法律意识。④可以为全社会尊重和遵守宪法起到示范和引领作用。

2. 分析、讨论并总结：①我们不仅要宣传法律，加大执法力度，还要加强公民思想道德教育。②人们道德水平的提高，有利于增强尊法守法的意识和自觉性，有助于法治文化环境的形成。

3. 回答问题：①树立法治意识，是青少年健康成长的基本要求。②青少年不仅是法治中国的受益者，更应该成为参与者和推动者。

设计意图：利用视频引导学生从内心深处尊重法律，树立法治意识。以法治的视角向学生展示法治力量，让学生很容易明白是法治保护我们能够享受现在的美好生活，也是大家共同遵法守法使得法治能够落到实处。

环节三：总结感悟，形成思辨，指导践行；议题二：学会依法办事我能行

教师活动：

1. 为什么要学会依法办事？

2. 分析教材第102页探究与分享中的案例，说一说为什么这种"静音模式"的广场舞受到居民的赞赏？

3. 如果生活中遇到广场舞扰民的问题，你该怎么办？

4. 出示《民法典》关于官方广场舞的规定。

学生活动：

1. 法律保障人们的幸福生活，法律保障功能的实现靠我们每个人对法律的尊崇和遵守。

2. 小组讨论教材第102页探究与分享内容。

3. 分析、总结日常生活中的做法。①依法办事，就要遵守各种法律法规。②依法办事，就要养成尊法守法学法用法的习惯。

设计意图：结合学生的生活，在学生交流的基础上教师引导学生明确法律保障人们的幸福生活，法律保障功能的实现靠我们每个人对法律的尊崇和遵守。《"静音模式"的广场舞》紧密联系学生实际生活，通过实际案例分析，层层追问，引导学生了解生活中正确行使合法权利的方式，学会依法办事；引导学生认真学习法律知识，自觉遵守法律，依法维护自身的合法权益，为法治中国贡献自己的力量。

(二) 课堂小结

法律是一切行为的底线。依法办事要树立法律意识，遵守各种法律法规，养成学法、尊法、守法、用法的习惯。法律的权威源自人民的内心拥护和真诚信仰。树立法律信仰，就是发自内心地尊崇、信赖、遵守和捍卫法律。

(三) 作业设计

1. 以思维导图总结本课内容。

2. 请你就共享单车的使用发出倡议，倡议市民合法用车，文明用车与共享单车同行，与法律同行。要求：小组合作完成"与共享单车同行，与法律同行"倡议书。

(四) 参考资料

[1]《鼎尖教案》研发中心：《鼎尖教案.道德与法治.七年级下册.人教版》，2022年。

[2] 中华人民共和国教育部：《道德与法治课程标准（2022年版）》人民教育出版社，2022年。

八、教学总结与反思

本节课的教学特色，就是始终以学生为主体，本课设计的情景来源于学生的实际生活，激发学生兴趣，引发思维碰撞，帮助学生认识到日常生活中的任何小事都要遵守法律。

《法治之路，我们携手共进》采用议题式教学，引导学生开阔视野、发散思维、大胆畅想、勇于阐发个人观点。本节课教学设计自始至终都贯彻了以学生为主体的思想，通过议题一：树立法治意识我做到；议题二：学会依法办事我能行，让学生充分参与教学活动，力求让学生通过自主探究与合作探究的方式去感受树立法治意识的必要性以及如何学会依法办事。通过对案例的深度分析探讨、层层追问，充分地讨论交流，让学生自主地发现问题、解决问题，从而有效地提高了学生辨识问题、分析问题的能力，同时使学生坚定信念，做尊法、学法、守法、用法的当代青少年，逐步成长为社会主义法治的忠实崇尚者、自觉遵守者和坚定捍卫者。

本节课的不足及改进：

1. 多留给学生一些独立思考的时间。教师在出示问题后，应首先给学生一段缓冲的时间和空间，让学生先独立思考，有了自己的想法和观点，再参加小组交流，这样讨论比较深入，能够产生心灵的交汇、思维的碰撞、情感的交融。

2. 多给予学生一些激励语言。教师语言不够抑扬顿挫，课堂气氛调动不充分，对学生的激励性评价语言运用得比较单一，这使学生参与热情不能始终保持。我将在以后教学中努力学习，取长补短，不断完善自己。

法律渗透在我们的生活中

大连庄河市第十二初级中学　孟　鹏

一、课程基本信息

主讲课程：道德与法治

使用教材版本：人民教育出版社（2016版）

教材章节出处：《道德与法治》七年级下册第四单元《走进法制天地》第九课《生活需要法律》

二、教学设计概述

本课采用典型事例分享、合作探究的形式让学生了解法律在我们生活中的重要作用，运用发生在学生身边的具有代表性的案件，引导学生分析探究案件所涉及的法律法规以及对我们日常生活所带来的影响，使学生意识到法律与我们的生活紧密相连，发挥着重要的作用。

建设社会主义法治国家，需要高度重视青少年法治意识的培养。未成年人是祖国的未来、民族的希望，肩负实现中华民族伟大复兴的重任。抓好青少年的法治宣传教育工作，引导青少年树立社会主义法治理念和法治意识，养成遵纪守法的行为习惯，提高法律素养，对于青少年的健康成长和国家的长治久安都具有重要意义。

随着年龄的增长，初中学生的生活经验、社会阅历不断丰富，他们初步感受到法律与自己的生活息息相关。党的十八大以来，党中央对全面推进依法治国作出重要部署，对法治宣传教育提出新的更高要求。通过新闻媒体等渠道，初中学生对我国不断推进的法治进程有一定的了解。但由于他们的生理发育、心理发展还不成熟，社会经验有限，他们对法律的认识比较片面。一提起法律，他们可能更多地联想到法律的威严、强制性，很少能想到法律的保障作用；有的学生不能严格要求自己，实施了不良行为甚至违法犯罪行为却浑然不知，法治意识比较淡薄。因此，为了促进学生健康成长，引导学生尊法、学法、守法、用法，增强法治意识，明确推进法治中国建设的意义，了解法律的产生、法律的特征和作用，体会法律让生活更美好。

本课的教学设计中，案例的选取贴近生活，学生可通过多种途径获取相关的信息，在分析过程中，比较容易想到相关的法律法规知识，有助于激发学生的学习兴趣。充分体现了学生的主体地位，采用讲练结合的方式，更有助于学生对知识点的消化理解，提高学生的能力。

三、学情分析

建设社会主义法治国家，需要高度重视培养和提高青少年的法律素质。未成年人是祖国的未来、民族的希望，肩负实现中华民族伟大复兴的重任。抓好青少年的法治宣传教育工作，引导青少年树立社会主义法治理念和法治意识，养成遵纪守法的行为习惯，提高青少年的法律素质，对于青少年的健康成长和国家的长治久安都具有重要的意义。也为后续法律学习奠定基础。随着年龄的增长，初中学生的生活经验、社会见闻不断丰富，他们初步感受到法律与自己的生活息息相关。七年级的学生作为未成年人，受生理发育、心理发育的限制，随着现代科技的发展，随时能获取到的信息也很斑驳，未成年人辨别是非的能力不强，法制观念淡薄，容易受到不良因素的影响，甚至走上违法犯罪的道路。因此在本课的教学中，让学生初步感受到法律与生活密不可分，理解法律对我们起保障作用，能够保护青少年。

四、教学目标

（一）知识与能力目标

知道生活需要法律保障，人的一生与法律相伴；了解法律产生的过程；体会法律对生活的作用，认识生活与法律的关系；了解我国法治建设的发展历程，懂得依法治国的重要意义。

（二）过程与方法目标

通过对生活与法律关系的学习，能够体会法律在社会生活中的作用；通过对法治的学习和思考，提高对问题的理解能力和归纳能力。

（三）情感、态度与价值观目标

激发对法律知识学习的兴趣；学会尊重法律，遵守法律，初步树立法治意识和法律观念。

五、教学重点难点

（一）教学重点

生活与法律的关系、法律的产生以及依法治国的意义。

生活需要法律来调整，法律影响到生活的方方面面，法律伴随我们一生。法律产生以前，人类用习惯来约束自己的行为，法律是统治阶级共同意志的体现，是用来统治国家，管理社会的工具，也是调整社会关系、判断是非曲直、处理矛盾和纠纷的标尺。法治是人们共同的生活愿景，也是国家治理现代化的重要标志。

（二）教学难点

法律的产生、法治的含义和依法治国的意义。

纵观社会的发展，法律的产生是人类文明进步的重要表现，体现着人类对公平正义的不懈追求。法治就是依法对国家和社会事务进行治理，强调依法治国、法律至上，要求任何组织和个人都要服从法律，遵守法律，依法办事。法治特别强调法律面前人人平等。因此，法治是人们共同的生活愿景，也是国家治理现代化的重要标志。

六、教学设计总体思路

未成年人是祖国的未来、民族的希望，引导青少年树立社会主义法治理念和法治意识，养成遵纪守法的行为习惯，提高青少年的法律素质，对于青少年的健康成长和国家的长治久安都具有重要的意义。

根据上述的目标要求，本课大部分采用典型事例分享、合作探究的形式让学生了解法律在我们生活中的重要作用，运用发生在学生身边的具有代表性的案件，引导学生分析探究案件所涉及的法律法规以及对我们日常生活所带来的影响，使学生意识到法律与我们的生活紧密相连，发挥着重要的作用。而后引导学生通过历史的发展和我国法制化的进程来掌握法律的产生、法律的定义以及我国法治发展取得的成就。不断增强学生的法治意识，培养学生的爱国主义情怀，通过课后小结和课堂练习培养学生分析解决问题的能力。

七、教学过程

（一）教学流程设计

环节一：情境导入

教师活动：让学生观察三幅图片，并谈谈如何解决这些问题。要解决这些问题，必须运用法律手段。今天就让我们一起来学习第九课第一课时《生活需要法律》。

学生活动：观察图片，分小组讨论该如何回答上述相关问题。

设计意图：激发学生学习兴趣，提高课堂效率。

环节二：讲授新课

教师活动：

1. 大连13岁男孩杀害同小区的10岁女孩，按照《刑法》规定，由于加害人未满14周岁，未达到法定刑事责任年龄，依法不予追究刑事责任。最终，这名男孩被公安机关收容教养。

2. 十三届全国人大常委会第二十四次会议表决通过的刑法修正案中规定，已满12周岁不满14周岁的人，犯故意杀人、故意伤害罪，致人死亡或者以特别残忍手段致人重伤造成严重残疾，情节恶劣，经最高人民检察院核准追诉的，应当负刑事责任。

3. 阅读课本第85页探究与分享内容，思考相关问题，分析生活与法律的关系。①上述行为都是自觉的吗？②有人认为，只要不违法犯罪，不惹上官司，法律就离自己的生活很遥远。你赞成这种观点吗？

①不都是自觉行为，我们生活中许多行为受到法律的规范。②法律已经深深嵌入我们的生活之中，渗透到社会生活的方方面面。法律不仅服务于人们的当前生活，而且指导着人们未来的生活。

4. 阅读课本第86页探究与分享内容，完成连线题，分析生活与法律的关系。上述内容中哪些是我们的权利，哪些是我们的义务？

5. 原始社会没有法律，人类用习惯来约束自己的行为，这些习惯靠人们自觉自愿遵守。随着人类社会的发展，国家产生之后，统治阶级开始有意识地创制法律。公元前21世纪，我国产生了古代第一个王朝——夏，以及维护夏朝统治的法律制度。历经商、周两代，我国法律制度不断发展。

（1）我国古代社会的法治进程说明了什么？

（2）为什么我国历代王朝都十分重视法律的制定和实施？（学生思考并回答）

6. 法律是随着国家的产生而产生的，随着社会的发展，我国古代法治也不断发展、完善。历代王朝之所以都十分重视法律的制定和实施，是因为法律在人们的生活和社会发展中发挥着十分重要的作用。法律是统治阶级意志的体现，是用来统治国家、管理社会的工具，也是调整社会关系、判断是非曲直、处理矛盾和纠纷的标尺。

7. 阅读课本第87、88页探究与分享，思考法治的含义和作用、法治中国建设成果。

8. ①法治的含义：是依法对国家和社会事务进行治理，强调依法治国、法律至上，任何组织和个人都要服从法律，遵守法律，依法办事。法治的作用（重要性）：是人们共同的生活方式，也是国家治理现代化的重要标志。

②坚持全面依法治国，建设社会主义法治国家，切实保障社会公平正义和人民权利，已经成为我国国家制度和国家治理体系的显著优势之一。法治助推中国梦的实现，是实现政治清明、社会公平、民心稳定、国家长治久安的必由之路。

学生活动：

1. 分小组讨论下调刑事责任年龄的法律规定体现了法律与生活怎样的关系。

2. 观察教师描述的行为，分析思考，然后回答。

3. 阅读相关材料，分小组讨论思考并回答相关问题。

设计意图：发挥学生的主观能动性，充分体现学生的主体和教师的主导地位，加深学生对本课的理解，使其对本课内容有更加深刻的印象。

环节三：课堂练习

1. 生活离不开法律，下列对此理解正确的是（　　）

A. 法律伴随着人生整个历程

B. 只有执法人员的生活离不开法

C. 学生在校读书，与法律无关

D. 人走上社会后，才离不开法

2. 从2016年起，义务教育小学和初中起始年级"品德与生活""思想品德"教材名称统一更改为"道德与法治"。这是1949年以来，"法治"二字首次出现在义务教育阶段的必修课程名称中。在义务教育阶段突出"法治"（　　）

①是因为中小学生违法犯罪形势越来越严峻

②表明中小学生比成人更需要接受法治教育

③体现了国家重视从小培养公民的法治观念

④表明了国家积极全面推进依法治国

A. ①②　　　B. ③④　　　C. ①③　　　D. ②④

（二）课堂小结

通过这节课的学习，我们知道了法律就在我们身边；明白了法律与我们的生活息息相关；了解了法律的产生过程和法律的本质；懂得了法治是人们共同的生活方式，也是国家治理现代化的重要标志；明确了我国建设中国特色社会主义法治体系，建设社会主义法治国家的总目标。生活需要法律的保障，生活离不开法律，从今以后，我们要做到认真学法、懂法、自觉守法，做一个遵纪守法的小公民。

（三）板书设计

生活需要法律

一、生活与法律息息相关
    ⎰义务教育法
    ⎨未成年人保护法
    ⎱劳动法
二、法制的脚步

（四）作业设计

能力培养相关练习。

八、教学总结与反思

通过这节课的学习，学生知道了法律就在我们身边；明白了法律与我们的生活息息相关，生活需要法律，这样生活才有保障；了解了法律的产生过程和法律的本质；懂得了法治是人们共同的生活方式，也是国家治理现代化的重要标志；明确了我国建设中国特色社会主义法治体系，建设社会主义法治国家的总目标。教师要广泛搜集相关资料，学习相关知识，用详实的材料来说明、证明相关结论；要注意引导学生从材料中概括出相关知识，培养学生的归纳、分析能力。

法治让生活更美好

大连华南中学　王　婷

一、课程基本信息

主讲课程：政治与法治

使用教材版本：人民教育出版社（2019版）

教材章节出处：高中思想政治必修三《政治与法治》第三单元《全面依法治国》第八课《法治中国建设》

二、教学设计概述

本节课依据新课标要求，即"列举事例，阐明建设法治社会的意义，探究法治与生活、法治与道德的关系"。因此，根据新课标要求和内容，确定本节课的总议题为"法治如何让生活更美好"。学习目标为了解法治社会的内涵和具体表现，理解建设法治社会的措施和意义。在讨论中培养学生自主探究能力、获取和解读信息能力、推理论证能力，使其能够应用和迁移"法治社会"的知识；在情感态度价值观上，增强学生对我国全面推进依法治国、建设法治社会的必要性和重要性的理解，使其厚植爱国情怀，增强法治意识，做社会主义法治忠实崇尚者、自觉遵循者、坚定捍卫者。

"新课标"：高中思政课程是落实立德树人根本任务的关键课程，以培育社会主义核心价值观为目的，是帮助学生确立正确的政治方向、提高思政学科核心素养、增强社会理解和参与能力的综合性、活动型学科课程。

"课堂教学转型"理论："教学目标"转向着重素养立意，指向学科核心素养目标；课堂新逻辑：生活的情境—师生互动·合作探究—反思生活·判断运用；教学方式转变：采用议题式教学、综合性教学方式、注意情境的优化和教学关系的重设和转型。

项目化学习理论：强调学习过程的综合性和实践性，学生可以跨越课堂界线，跨越学校边界，促进思政小课堂携手社会大课堂，在理论和实践结合中"铸魂育人"。

本课严格遵循《课程标准》，依托《中国高考评价体系》，以核心价值"金线"导向，实现思维品质和关键能力"银线"落地，通过情境载体"串联线"落实立德树人的根本任务。课堂采用议题探究式教学方式，充分发挥学生的自主学习能力、小组合作探究能力，通过创设情境，学生自由发言—对话—讨论—演讲、独立撰写等多样化的课堂活动形式，充分发挥学生的主体作用。

三、学情分析

本节课的教学对象是大连华南中学的高中一年级学生。教材理论逻辑清晰，事实逻辑贴近生活，探究分享事例通俗易懂，有利于激发学生关注生活中的法律案例。学生能够根据已有的知识对简单的社会法治现象进行分析和评价，但对法治社会的具体内涵和表现比较陌生。通过对"法治国家"和"法治政府"两部分的学习，学生对建设法治中国是系统工程有明确的认识，对法治中国和法治政府的内涵、表现、措施和意义进行了重点把握，这些都为"法治社会"的学习奠定了坚实基础，帮助学生深入理解本课内容。

社会生活中法治无处不在，高中生在日常学习和生活中会接触到许多真实的法治案例和情境。在信息网络便捷的时代，学生对社会热点、社会时事充满兴趣，但对其背后蕴含的法律知识和法治精神没有深层次的理解，对热点事件和情境的认识停留在表面。法治社会对个人守护是全方位的，但社会对学生的全面守护可能会让部分学生习以为常，没有深刻意识到法治社会保障人民群众的安全感和幸福感，不断满足人民日益增长的美好生活需要。

高中生已经初步具备理性思维能力，但辩证思维能力有待提高，公共参与意识和责任担当意识不足，需要引导学生深入体会法治社会的美好，认同法治社会建设并积极参与其中，实现共建共享，提升学生政治认同、科学精神、法治意识和公共参与能力。

四、教学目标

（一）知识目标

1. 通过创设情境，播放中共中央印发的《法治社会建设实施纲要（2020—2025年）》相关小视频，使学生了解国家出台纲要的背景和意义，引导学生明确法治社会建设是实现国家治理体系和治理能力现代化的重要组成部分，在推进全面依法治国中具有十分重要的地位和作用，党的二十大把法治社会基本建成确立为到2035年基本实现社会主义现代化的重要目标之一，意义重大，影响深远，任务艰巨。

2. 通过组织围绕"我心目中的法治社会"主题讨论，引导学生明确建设信仰法治、公平正义、保障权利、守法诚信、充满活力、和谐有序的社会主义法治社会，是增强人民群众获得感、幸福感、安全感的重要举措；明确法治社会建设是一项系统性工程。

（二）能力目标

1. 实践调查研究相关法律法规与经典案例"醉驾入刑"实施以来取得成效，使学生体会到宪法和法律得到有效实施，帮助学生认识法治社会必然是法律得到普遍认可和遵守的社会，从而提高自觉遵守宪法和法律的意识。

2. 以我校所在的中华路街道榜样人物事迹——中华路街道政法委员"铁娘子"王晶，扎根基层岗位激活服务群众"神经末梢"为例，让学生走进社区，了解我校所在社区法治社会建设中一系列具体鲜活事例，认识了解身边榜样人物的先进事迹，产生情感共鸣，增强政治认同和法治意识的学科核心素养，使理论观点与生活经验有机联系。

（三）情感、态度与价值观目标

让学生撰写"法治在我身边"演讲稿，使其通过查询资料、合作探究，感悟我国法治社会建设，尽自己所能为法治社会建设贡献力量，树立法治意识，宣传法律，厚植爱国情怀，增强法治意识，做社会主义法治忠实崇尚者、自觉遵循者、坚定捍卫者。

五、教学重点难点

(一) 教学重点

法治社会的内涵和基本特征。

(二) 教学难点

建设法治社会的举措和重大意义；法治意识和公共参与能力的培养。

六、教学设计总体思路

本课采用议题探究式教学方式，充分发挥学生的自主学习能力、小组合作探究能力，通过创设情境，播放《法治社会建设实施纲要（2020—2025年）》小视频，使学生了解国家出台法治纲要的背景和意义，明确法治社会建设是实现国家治理体系和治理能力现代化的重要组成部分，结合实际，让学生们谈谈自己心目中的法治社会。

围绕"醉驾入刑"背景和相关法律，探讨问题：①近年来酒后驾车行为减少的关键原因是什么？②在我们身边是否还存在酒后驾车行为？③治理酒后驾车行为还有哪些做法？通过设计问卷调查，可以组织学生开展公民法治意识现状调查，了解甘井子区中华路街道开展法治宣传教育情况，增进学生对法治的理解和认同。

通过展示大连市甘井子区中华路街道政法委员王晶，扎根基层岗位，激活服务群众"神经末梢"的先进事迹，展现为构建法治社会默默奉献的先进人物，激发学生向榜样学习，凸显我校以榜样引领的爱国主义特色教育理念。让学生为榜样人物撰写宣传稿，了解我市法治社会建设进程中，身边平凡人的不平凡事迹，引起学生的情感共鸣，进一步增强学生的政治认同和法治意识的学科核心素养。

七、教学过程

（一）教学流程设计

环节一：叙说法律缘起

教师活动：

1. 播放中共中央印发《法治社会建设实施纲要（2020—2025年）》相关视频，展示材料。

2. 说说中共中央印发《法治社会建设实施纲要（2020—2025年）》的原因；描述一下你心中的法治社会。

学生活动：全神贯注地观看展示短视频，并研读材料、分析任务、合作探究、围绕议题讨论、选派代表发言。

设计意图：本课时教材的主要内容就是依据《法治社会建设实施纲要（2020—2025年）》编制的，因此学习本教材的蓝本更能帮助学生体会法治政府的内涵。通过学习法治社会的内涵，学生明确法治社会建设是实现国家治理体系和治理能力现代化的重要组成部分，在推进全面依法治国具有十分重要的地位和作用。

环节二：探寻意义措施

教师活动：

1. 播放视频，大连市公安局《平安护航，夏季行动"酒醉驾"整治行动》。

2. 围绕"醉驾入刑"背景和相关法律探讨问题：近年来酒后驾车行为减少的关键原因是什么？在我们身边还有哪些存在酒后驾车行为？治理酒后驾车行为还有哪些做法？建设法治社会，需要有哪些措施？

学生活动：观看视频，分析材料，小组讨论。结合视频、分析任务、合作探究、围绕议题讨论、选派代表发言。

学生甲：严查酒驾、"醉驾入刑"得到了人们发自内心的认可和接受，那些法治意识还不强的人，就应该好好地学一学这些法律规定！

学生乙："喝酒不开车，开车不喝酒"的要求得到了较为普遍的遵守，酒后驾车的违法行为大大减少。这告诉人们，在社会其他领域法律的要求也得到普遍遵守！

学生丙：去年，我家的车被一位酒驾者剐蹭了，交警认定对方是全责，使我家的合法权益得到维护，避免了纠纷。可见，这就是法治社会的好处。

教师活动：执法机关要严格执法、从严管理，加大警力投入，坚持日常严管与专项打击、集中整治、区域联治相结合；坚持严格执法与广泛宣传、源头劝导、曝光惩戒相结合，发动社会共建共治。

教育部门要根据道路交通安全法的要求，对学生从小学开始加强交通安全教育，引导学生劝阻家长酒后开车。

社区也要对居民加强教育，使"拒绝酒后驾车"的观念不仅体现在法律条文上，而且印刻到人们的头脑中。

设计意图：通过"醉驾入刑"的典型案例，激发学生对生活中的热点问题的关注，提高学生学习和探索法律法规的兴趣，引导学生体会宪法和法律得到有效实施的作用，帮助学生认识法治社会必然是法律得到普遍认可和遵守的社会，从而提高自觉遵守宪法和法律的意识。开放性题目设置，有利于学生形成发散思维，多角度回答问题。

环节三：法治故事分享

教师活动：

1. 展示大连市甘井子区中华路街道政法委员王晶，扎根基层岗位，激活服务群众"神经末梢"的先进事迹，展现为构建法治社会默默奉献的先进人物，激发学生向榜样学习。

2. 结合图文资料，说说王晶同志是怎样参与基层社会治理的。中华路街道"李大姐工作室"、甘井子区创建的以"甘心为民，调纷止争"为宗旨的"甘心调"矛盾风险调处运转体系是如何发挥化解社会矛盾，维护社会和谐作用的？

3. 说说你还知道有哪些法治教育宣传榜样，分享他（她）们的故事。

学生活动：

1. 观看图片，阅读材料，提取信息，各抒己见，以小组为单位分享汇报成果。

2. 通过走访社区、实地调查和查阅资料，分享法治宣传榜样人物说说他们的故事。分小组汇报展示成果。

设计意图：选取我校所在地中华路街道六顺社区开展的《学习身边的榜样》党课学习活动中的先进人物，让学生全面了解和学习王晶同志的先进事迹，尤其是她立足基层，始终以脚踏实地的干劲、敦本务实的作风和直面困难挑战的气度，用真心恒心爱心为民解难，积极探索信息化社会治安防控体系建设，激活服务群众"神经末梢"，在平凡岗位上奉献出不凡的业绩。让学生深入了解到在我市法治社会建设中榜样人物事迹，引起学生的情感共鸣，增强学生的政治认同和法治意识的学科核心素养。让学生为榜样人物撰写宣传稿，使理论观点与生活经验有机联系，让学生真正参与大连的法治社会建设，培育学生公共参与的学科核心素养，落实立德树人目标。

环节四：法治保驾护航

教师活动：分享了身边的法治人物故事，我们要学法懂法用法，说说你都知道我国有哪些法律法规，为我们生活保驾护航？

学生活动：各抒己见，列举《未成年人保护法》《消费者权益保护法》《劳动法》《民法典》《刑法》，等等。

设计意图：通过对具体法律的讲解，引导学生将所学法律知识运用到日常生活中，不仅能够增强他们的自我保护能力，还能培养他们的法治意识和责任感。同时，通过鼓励学生分享个人经历和思考，激发他们的学习兴趣和积极性，促进他们对法律知识的深入理解和应用。

(二) 课堂小结

法治如阳光，温暖我们的生活；法律似明镜，照亮社会的未来。法治兴则国兴，法治强则国强。党的二十大明确2035年基本建成法治社会的目标任务并作出重要部署。建设法治中国是一项系统性工程，既需要党和国家的统筹与规划，更需要公民和全社会的参与与推动。贯彻全面推进依法治国方略，就需要将法治国家、法治政府、法治社会三位一体相结合。三者相互联系、相互支撑、相辅相成。

大道之行，天下为公；良法善治，民之所向。法律的权威源自人民信仰，法治的生命在于推进实施，让我们遵循内心法治信仰，坚定朝着2035年的法治目标和路线不断前进，共建共享法治社会的安居乐业与幸福美好。

（三）作业设计

1. 设计制作《民法典》普法宣传展示板；以"我是法治宣传员"为主题给家人、同学或朋友讲法治课。要求：录制一段视频，时间在10分钟以内。（视频和展板可二选一）

2. 请以"法治在我身边"为主题，结合课本知识和自身实际，写一篇小论文。要求：①观点明确，紧扣主题，理由充分，合乎逻辑。②学科术语使用规范，格式正确，200字左右。

（四）参考资料

［1］中华人民共和国教育部：《普通高中思想政治课程标准（2017年版2020年修订）》，人民教育出版社，2020年。

［2］人民教育出版社课程教材研究所中学德育课程教材研究开发中心：《普通高中教科书教师教学用书.思想政治.必修3.政治与法治》，人民教育出版社，2019年。

［3］沈雪春、梁英姿、柳翠：《设计与优化：思政课议题式教学叙事.〈政治与法治〉分册》，苏州大学出版社，2021年。

［4］刘徽：《大概念教学素养导向单元整体设计》，教育科学出版社，2022年。

［5］刘月霞、郭华：《深度学习：走向核心素养（理论普及读本）》，教育科学出版社，2018年。

［6］《法治社会建设实施纲要（2020—2025年）》，人民出版社，2020年。

八、教学总结与反思

本节课是一节非常有意义的社会主义法治教育课。教学设计方面，以大概念教学素养导向的单元整体设计为依托，通过创设生活情境，设计合作探究问题，培养学生自主探究、自主学习、合作学习和初步探究学习的能力，引导学生多角度分析提炼观点的能力。

教学过程方面，本课从社会热点出发，联系教材内容，整合课程资源，让学生感悟体验升华，从而达成政治认同、科学精神、法治意识、公共参与四维学科核心素养目标。充分发挥学生小组合作探究能力，创设良好课堂氛围，充分调动学生在学习中的主动性和积极性，激发了学生的学习热情。

存在问题：备课过程中，对问题答案预设有欠缺，对学生提出的与众不同的观点给予的反馈有效性有待提高。学生宣传稿的对象过于空泛，缺乏具有针对性的、生动感人的实际事迹，没有事实支撑，没有情感的升华。具体的优化措施：一是将迁移环节的资料收集作为课前的社会实践任务，让学生自主收集身边或者感人的法治人物事迹，从而在撰写宣传稿时有真话可说、有真情可表；二是教师可以提前打印真实事迹，提前发给学生，让学生在课堂上自主选择宣传稿的对象，为大连法治社会的建设贡献力量。

法治建设在路上

大连前程高级中学　高　旭

一、课程基本信息

主讲课程：政治与法治

使用教材版本：人民教育出版社（2019版）

教材章节出处：高中思想政治必修三《政治与法治》第三单元《全面依法治国》第七课第一框《我国法治建设的历程》

二、教学设计概述

本框对应的是《普通高中思想政治课程标准（2017年版2020年修订）》必修三《政治与法治》的内容。课程标准中的教学提示，要求我们了解我国法律发展的历史，明确我国古代法制蕴含着十分丰富的智慧和资源，理解全面推进依法治国需要挖掘和传承中华法律精华；明确法的本质、起源和发展规律，懂得马克思主义关于法的基本观点，能够运用马克思主义基本立场、观点和方法认识我国法治建设历程，分析生活中的相关案例；简述新中国法治建设成就，明确在中国共产党的领导下，中国法治建设取得了巨大成就。在社会主义初级阶段条件下，法律是治国之重器，法治是治国理政的基本方式。

着眼于高一学生认知的发展、情感的发展、人际关系的发展的教学策略，突出学生的主体地位，以学生的发展为本，努力培养和提高学生的创新能力、实践能力和科学人文素养。采用"问题（情境）→分析→另一个问题"、"活动→体验→结论"、议题讨论等多种课堂模式，采用多媒体辅助教学，倡导开放互动的教学方式和合作探究的学习方式，使学生在充满教学民主的气氛中受到知识、情感、态度和价值观方面的熏陶，学会交流、分享与合作。

三、学情分析

对高一学生来说，本节课教材理论难度适中，内容易理解且条理清楚。学生对国家法治建设还是比较感兴趣的。针对当前实际情况，引导搜集了相关资料，让学生进行自主合作探究，调动学生的学习主动性和积极性，提高学生的学习兴趣，从而提高课堂效率。

从认知结构方面看，学生通过初中阶段的学习，知道了改革开放以来我国法治的蓝图。但对我国古代法律发展的历史、马克思关于法的本质规律以及新中国法治建设发展的成就还缺乏深入、系统的了解。因此，高中阶段学生需要通过透彻学理分析，更深层全面地理解我国法治建设的历程。

从学科核心素养培育的角度看，本框题侧重培育学生对我国法治建设的成就的认同，理解法治是人类文明演进中逐步形成的先进的国家治理方式，进而增强学生法治思维和规则意识，坚定学生对中国特色社会主义道路、理论和制度的自信，提升学生在新时代参与法治建设的能力。然而，学生的政治认同和法治思维不是一蹴而就的，通常要通过"感知—分析—选择—践行"的逻辑路径来实现，而不是简单地灌输。

四、教学目标

（一）教学目标

1. 通过学习我国法治建设的历程，了解我国法律发展的历史，明确我国古代法制蕴含着十分丰富的智慧和资源，理解全面推进依法治国需要挖掘和传承中华法律文化精华。坚定对我国治国方式的政治认同。

2. 通过合作学习，结合我国国家性质和基本国情，明确法的本质、起源和发展规律，懂得马克思主义关于法的基本观点，能够运用马克思主义基本立场、观点和方法认识我国法治建设历程，分析生活中的相关案例。

3. 通过探究学习，结合实例，了解新中国法治建设成就，知道在中国共产党的领导下，中国法治建设取得了巨大成就，明确全面依法治国的意义。

4. 通过观点辨析，澄清模糊认识，正确理解我国法治建设的历程及由此引发的坚定中国特色社会主义的道路自信、理论自信、制度自信、文化自信。

（二）核心素养培养目标

1. 法治意识

通过讲述我国法律发展的历史故事，了解中华法系的主要内容，明确我国古代法制蕴含着十分丰富的智慧和资源，理解全面推进依法治国需要挖掘和传承中华法律文化的精华，培养学生历史的眼光和法治的思维方式，树立宪法至上、法律权威等观念，做社会主义法治的崇尚者和坚定的捍卫者。

2. 科学精神

通过品读原著的活动，解读马克思和恩格斯关于法的本质论述，懂得马克思主义关于法的基本观点，能够运用马克思主义的基本立场、观点和方法认识我国法治建设的历程，分析社会生活中的案例，增强理论联系实际的能力，在参与法治社会建设中作出正确的价值判断和行为选择。

3. 政治认同

通过观看视频"法治建设在路上"，概括在中国共产党的领导下，中国法治建设取得的巨大成就，阐述我国法治建设进程的启示，增强学生对中国走社会主义法治道路的认同，坚定中国特色社会主义道路自信、理论自信、制度自信、文化自信。

4. 公共参与

理解与掌握马克思主义科学法律思想，并在生活中学法、懂法、敬法、守法、用法，积极宣传法律知识，严于律己，遵纪守法。

（三）学科能力目标

1. 学习理解

了解我国法律发展的历史，理解全面推进依法治国需要挖掘和传承中华法律的文化精华；概括我国法治建设的成就，能够完整表述马克思主义关于法的基本观点。

2. 实践应用

能结合具体材料分析解释马克思关于法的基本观点；能运用马克思关于法的基本观点归纳新中国法治建设的成就。能结合中国法治建设的成就综合归纳其中的启示。

3. 迁移创新

能够运用马克思主义的基本立场、观点和方法分析和解决社会生活中的案例。分析说明党的领导对于全面依法治国的重要性，坚定对中国共产党领导，对走社会主义法治道路，对建设法治国家，对宪法的权威的认同感，树立宪法至上、法律权威的信念。

五、教学重点难点

（一）教学重点：以习近平法治思想为指导推进法治中国建设

党的十八大以来，以习近平同志为核心的党中央在领导推进新时代全面依法治国的伟大实践中创造性提出一系列新理念新思想新战略，形成习近平法治思想。习近平法治思想是习近平新时代中国特色社会主义思想的重要组成部分，是马克思主义法治理论中国化时代化的最新成果，是中国特色社会主义法治理论的重大创新发展，是新时代全面依法治国的根本遵循和行动指南。新征程上，推进法治建设要以习近平法治思想为指导，加强谋划和设计，书写法治中国建设新篇章。

（二）教学难点：法的本质

马克思认为，在阶级社会中法反映的是该社会中在经济上、政治上居于统治地位的阶级的根本利益和共同意志。法所反映的统治阶级意志的内容最终是由社会物质生活条件决定的。根据唯物史观，社会存在决定社会意识。法所反映的统治阶级的国家意志，既不是统治阶级头脑中所固有的，也不是凭空产生的，只能产生于特定的社会物质生活的条件。这里的物质生活条件是指与人类生存相关的地理环境、人口和物质资料的生产方式。生产方式是生产力和生产关系的对立统一，是社会发展的决定因素，也是法产生、存在和发展的决定性因素。法的统治阶级意志的内容由社会物质生活条件决定，这是从终极意义上说的。除社会物质生活条件外，政治、思想、道德、文化、历史传统、民族、科技等因素也对统治阶级的意志和法律制度产生不同程度的影响。恩格斯在阐述唯物史观的基本原理时曾指出，政治、法、哲学、宗教、文学、艺术等的发展是以经济发展为基础的。但是，它们又都互相作用并对经济基础发生作用。这并不是说，只有经济状况才是原因，才是积极的，其余一切都不过是消极的结果，而是说，这是在归根到底不断为自己开辟道路的经济必然性的基础上的相互作用。如果不考虑这些因素，也就不能解释为什么基于同样的或相似的社会物质生活条件的法律制度之间会有很多差别，为什么几个国家或一个国家在不同地区、不同时期，虽然就经济制度或经济发展水平来说是同样的，但它们的法律却可能存在着千差万别的情况。

总之，这部分内容需要通过透彻的学理分析，掌握马克思主义关于法的基本观点，学会运用马克思主义的基本立场、观点和方法认识我国法治建设的成就，分析和解决生活中的相关案例，为后面内容的学习奠定坚实基础——世界观和方法论的基础。

六、教学设计总体思路

通过展示不同时期、不同国家法律的传承与发展，同学们了解了中华法系的源远流长，目的是激发学生思考探究的兴趣，引导学生从观点、名言或具体法律出发，感悟人类几千年的文明轨迹。深入理解法律的内涵及其在国家治理中的作用并融入现实生活之中，围绕学生关注的社会生活问题来组织教学，落实教学目标。

课堂导入作为课堂教学的起始环节，其功能是否有效发挥，会影响教学活动的开展和教学效率的提高。本课的课堂导入，要特别关注学生收集的资料是否翔实，唤起学生对史实与今天现状的联系的共鸣。所以，我们要从古代法律如何落实中选取一些生动、鲜活的典型事例来导入，使抽象的知识具体化,深奥的道理通俗化,这不仅能激发学生的兴趣,而且符合学生的认知规律,有助于引导学生使其感性认识逐步上升到理性认识。

引导学生品原著,阅读思考马克思和恩格斯的著作,帮助学生加深对法的本质、法的产生和发展规律的理解,掌握马克思法律思想的基本立场、观点和方法,为下面内容的学习奠定世界观和方法论基础。

引导学生借助案例,认识法的政治职能和社会职能的区别与联系,培养学生分析问题和解决问题的能力。

学生对新中国法治建设成就理论性的理解不深,但它却与学生生活紧密相连。因此采用了社会实践方法,将校外的社会实践活动与学科内容紧密结合,以更广阔的空间、更丰富的资源、更真实的情境开展教学,丰富了教学内容,深化学生对学习内容的理解和认同,有利于提高教学实效。

七、教学过程

(一)教学流程设计

环节一:导入新课

教师活动:

1. 播放视频《法治中国》。

2. 结合视频,谈谈法律在治理国家中的作用。

学生活动:观看视频并思考和回答问题。

教师活动:引导学生回归法律的作用,指出我国是一个具有五千多年文明史的古国,中华法系源远流长。在党的领导下,新中国的法治建设取得了巨大成就。本节课我们就一起来学习我国法治建设的历程。

设计意图:播放视频激发学生学习兴趣。学生根据主题,积极收集相关材料,了解我国法律的发展历程。对于中华法系,学生的认知过程是"是什么—为什么—怎样做",这符合学生的认知规律,也有利于调动学生的学习兴趣,比单纯教师讲解要鲜活生动。

环节二：播放视频，引出议题一：探寻——如何认识我国法律的发展历史？

教师活动：

1. 追本溯源——中华法律的演进

对学生的回答进行引导、纠正、补充，形成较完整的答案。知识拓展：法治与人治、法治与法制。

2. 中华法系的"兴"与"衰"

提出问题，及时参与到学生的小组合作之中，观察学生的完成情况，适时地提供指导，在学生回答问题后，及时进行评价，总结中国法治发展的历程。

学生活动：结合视频内容和教材讨论回答；观看视频，自主梳理中国法治发展历程。

设计意图：通过活动引出法律的含义、法律地位的演变，再通过教师的拓展讲解，让学生深刻领悟人治与法治、法治与法制之间的区别，从而理解和认同我国法治建设，培养政治学科核心素养。让学生领悟我国法律发展历史源远流长。

环节三：播放视频，引出议题二：领悟——如何理解马克思主义法治理论？

教师活动：结合视频、教材、案例等内容，引导学生了解马克思主义法治理论的相关内容，分组讨论问题。

学生活动：观看视频，阅读教材，思考并讨论、自主归纳。

设计意图：通过学生自主探究讨论和教师讲解相结合的方式，让学生掌握马克思主义法治理论的内容；通过及时演练环节，加深学生对于法的政治职能与社会职能这一易混知识的辨析，在此过程中树立学生科学精神。

环节四：播放视频，引出议题三：梳理——如何看待新中国法治建设成就？

教师活动：结合视频、教材内容设置问题：

（1）为什么说中国是世界上最安全的国家之一？

(2) 透过重磅数据感悟我国法治建设的新成效。

(3) 透过数据感悟我国法治建设的公平正义。

(4) 中国人权保障为什么取得巨大成就？

学生活动：观看视频，阅读教材，思考并讨论、自主归纳。

设计意图：学生观看教师展示的文字与视频材料，并结合教材知识分析，最后再由教师点拨讲解。让学生在生动的情境材料和学习活动中内化知识，掌握我国法治建设的成就，感悟我国法治建设的作用和意义，从而认同和践行生活中要以宪法和法律为根本活动准则的要求，树立法治意识这一学科核心素养。

（二）课堂小结

1. 马克思主义法律思想

（1）产生

法是人类社会发展到一定历史阶段的产物。

（2）本质

法所反映的统治阶级意志的内容最终由社会物质生活条件决定。生产方式即生产力与生产关系的对立统一，是社会发展的决定性因素，也是法产生存在和发展的决定性因素。

（3）类型

奴隶制法、封建制法、资本主义法和社会主义法。

（4）内涵

法反映并调整一定的社会关系，用规定权利和义务的方式规范人们的行为。

法是由国家强制力保证实施的具有普遍约束力的社会规范。

法是由国家创建获认可的社会规范。

（5）职能

法在国家治理中既具有政治职能，又具有社会职能。

2. 新中国法治建设的成就

（1）以宪法为核心的中国特色社会主义的法律体系，在现行宪法基础上制定并完善了一大批法律。

（2）依法行政和公正司法水平不断提高。通过建立健全科学完备的行政执法和司法体制，保证了行政机关和司法机关按照法定权限和程序行使权力，履行职责。

（3）人权的法治保障取得巨大成就。在通过经济社会发展改善人民的生存权和发展权的同时，国家高度重视通过宪法和法律保障公民的基本权利和自由。我国将人权保障贯穿法治建设的各个环节，使人权法治保障水平达到了新的高度。

（三）作业设计

1. 预习作业

（1）作业内容：查阅《极光新闻》等APP，了解我国法治建设的历程、观看视频《法治中国》栏目。

（2）布置意图：引导学生通过查阅、观看或聆听相关资料，获取必需的资源，发现本次学习最为核心的目标，瞄准方向集中学习，引导学生进行学习准备。

（3）完成标准：通过网络资料的搜集，对中国法治建设有一定了解。

2. 导学作业

（1）作业内容：自主完成导学案。

（2）布置意图：根据资料搜集，设计相应的情境和问题，简要了解学生对本课知识的了解情况，以此来提出相应的解决措施，培养学生的表达能力和抽象概括能力。

（3）完成标准：在设计的过程中注意问题的针对性和有效性，通过导学作业，分析整理出目前学生对本课知识的了解情况。

3. 基础性检测

（1）作业内容：

①马克思、恩格斯指出："你们的观念本身是资产阶级的生产关系和所有制关系的产物，正像你们的法不过是被奉为法律的你们这个阶级的意志一样，而这种意志的内容是由你们这个阶级的物质生活条件来决定的。"对这

段话解读正确的是（ ）

A. 法是人类社会发展到一定历史阶段的产物

B. 人类社会的存在和发展离不开各种社会规范

C. 法体现统治阶级意志，生产方式是其决定性因素

D. 法是社会各阶级、各阶层人民共同意志的体现

②中国人民为争取民主、自由、平等进行了长期不懈的奋斗，深知法治的意义与价值，倍加珍惜自己的法治成果。以下属于新中国法治建设取得巨大成就的是（ ）

①由我国的国情和社会制度决定的

②坚持了中国共产党的正确领导

③形成了中国特色社会主义法律体系

④依法行政和公正司法水平不断提高

A. ①②　　　　　　　　　　B. ①③

C. ②④　　　　　　　　　　D. ③④

③震惊全国的唐山打人事件主犯陈继志，因犯寻衅滋事罪、抢劫罪、聚众斗殴罪、故意伤害罪、帮助信息网络犯罪活动罪，数罪并罚，被人民法院判处有期徒刑24年，并处罚金人民币32万元。人民法院的判决体现了法在国家治理中的（ ）

A. 政治职能　　　　　　　　B. 社会职能

C. 经济职能　　　　　　　　D. 文化职能

④习近平总书记强调，善于运用网络了解民意、开展工作，是新形势下领导干部做好工作的基本功。各级党政机关和领导干部要学会通过网络走群众路线，让互联网成为同群众交流沟通的新平台。这是基于（ ）

①推进国家治理能力现代化的需要

②维护人民根本利益和党的自身利益的需要

③党的一切工作都是为了造福人民

④"互联网+"是中国共产党治国的基本方略

A. ①②　　　　　　　　　　B. ①③

C. ②④   D. ③④

⑤公正与权利的理念，体现了人类社会法文明具有的共同价值观。这种共同的价值观，正是中西法文明，也是古今法文明的契合、连接之处。从下面关于"法"的认识不正确的是（　　）

A. 生产方式是法产生、存在和发展的决定性因素

B. 法的政治职能、社会职能只体现在政治建设和社会建设中

C. 中华法系的发展以儒家思想为理论基础

D. 法是维持社会秩序、调整社会关系的一种社会规范

（2）布置意图：通过设计相应的习题，检验学生对本课知识点的学习效果，了解学生知识点的掌握情况，为今后知识点的复习策略做准备。

（四）参考资料

［1］焦东林：《浅谈小学科学实验教学的设计》，《科学大众（科学教育）》，2013年1月。

［2］叶宝生：《小学科学教学观察实验设计的依据和方法》，《课程教材教法》，2013年12月。

［3］袁平：《浅谈小学科学的有效教学设计》，《生物技术世界》，2013年9月。

［4］黄晓钰：《支架式教学模式在小学科学中的教学设计》，《读与写》，2013年9月。

［5］中华人民共和国教育部：《普通高中思想政治课程标准（2017年版2020年修订）》，人民教育出版社，2020年。

［6］教育部考试中心：《中国高考评价体系》，人民教育出版社，2019年。

［7］教育部考试中心：《中国高考评价体系说明》，人民教育出版社，2019年。

［8］人民教育出版社课程教材研究所中学德育课程教材研究开发中心：《普通高中教科书教师教学用书.思想政治.必修3.政治与法治》，人民教育出版社，2019年。

八、教学总结与反思

本节课设置了四个教学环节,力争让学生在自主探究和小组合作中完成学习目标,把课堂的知识与现实生活结合起来,用课堂上的内容解决实际问题,对学生进行多元评价。首先,在教师评价方面,采用激励促进性原则进行评价,营造积极向上的学习氛围,调动学生的学习热情;其次,采取生生评价,学生与学生之间进行互评,使学生不断进行反思,不断促进关键能力和必备知识的提高,增强学科核心素养。

婚姻与家庭

沈阳市第八十三中学　张　驰

一、课程基本信息

主讲课程：法律与生活

使用教材版本：人民教育出版社（第1版）

教材章节出处：高中思想政治选择性必修二《法律与生活》第二单元《家庭与婚姻》第六课《珍惜婚姻关系》

二、教学设计概述

《普通高中思想政治课程标准（2017年版2020年修订）》选择性必修二《法律与生活》内容要求：6.2 理解婚姻法律关系，阐释正确的婚姻家庭观念。教学提示：以"常回家看看为什么要立法"为议题，引用自己的经验或家人的感受，说明法律与道德之间的关系。

家庭，是以婚姻、血缘和共同经济为纽带而组成的团体，要发扬光大中华民族传统家庭美德，夫妻关系平等和睦至关重要。我国宪法第四十八条规定，中华人民共和国妇女在政治的、文化的、社会的和家庭的生活等各方面享有同男子平等的权利。这从根本法上确立了男女平等原则。民法典第一千零四十一条规定，实行婚姻自由、一夫一妻、男女平等的婚姻制度；第一千零五十五条规定，夫妻在婚姻家庭中地位平等。这从基本法上规定了夫妻关系的准则。

婚姻家庭中，地位平等是我国夫妻关系的根本要求和鲜明特征，它意味着夫妻在生活中平等行使权利、平等履行义务、共同承担家庭和社会的责任。贯彻这一原则，夫妻之间就不能相互虐待，不能相互遗弃，更不能相互歧视。妇女权益保障法第六十条规定，国家保障妇女享有与男子平等的婚姻家庭权利。这对妇女在婚姻家庭中的权益保护做了专门规定。

男女平等、尊重妇女的观念越来越深入人心，但针对妇女的歧视依然存在。对此，习近平总书记在2018年同全国妇联新一届领导班子成员集体谈话时强调："要坚持男女平等基本国策，维护妇女儿童合法权益。对严重侵犯妇女权益的犯罪行为要坚决依法打击，对错误言论要及时予以批驳。"从夫妻法律地位平等到实际生活中的完全平等有一个逐步发展的过程，我们应该正视当前在社会主义市场经济中妇女面临的机遇和挑战，推动平等的真正实现。

家是最小国，国是千万家，家庭的命运同国家和民族的前途命运紧密相连。"家庭是社会的细胞，家庭和睦则社会安定，家庭幸福则社会祥和，家庭文明则社会文明。""不论时代发生多大变化，不论生活格局发生多大变化，我们都要重视家庭建设，注重家庭、注重家教、注重家风，紧密结合培育和弘扬社会主义核心价值观，发扬光大中华民族传统家庭美德，促进家庭和睦，促进亲人相亲相爱，促进下一代健康成长，促进老年人老有所养，使千千万万个家庭成为国家发展、民族进步、社会和谐的重要基点。"培育家庭美德，崇尚良好家风，才能为家庭谋和谐、为他人送温暖、为社会作贡献。

树立正确的婚姻家庭观念，要树立正确的世界观、人生观、价值观，使继承优良传统与弘扬时代精神相结合，践行社会主义核心价值观；要坚持个人合法权益与承担社会责任相统一，努力形成健康和谐、积极向上的思想道德规范；要大力倡导树立优良家风，弘扬家庭美德，加强家庭文明建设，如倡导尊老爱幼、男女平等、夫妻和谐、勤俭持家、邻里团结等优良家风和家庭美德，建立文明家庭。

三、学情分析

通过小学和初中道德与法治课程相关内容的学习，学生对家庭的重要性、敬老孝亲等知识有了一定的理解；而且在日常生活中，能够将相关的理论落实到具体行动中。这为高二教学提供了知识的准备。

高中生的情绪体验较初中阶段强烈，情绪内容广泛，具有一定的连续性，形成各种心境。高二年级的学生，憧憬未来，常对活动充满热情，易振奋、易波动，也会感情用事，有时会出现盲目的狂热和急躁，以致不计后果的冲动；对未来的家庭充满幻想，但是大多数同学对于夫妻关系还未形成正确的认识，不能树立正确的婚姻家庭观念和家庭责任意识。鉴于此，在课堂教学中采取"举案说法"的形式，以案析理、以案明理，帮助同学们理解夫妻平等的内涵，夫妻平等在维系婚姻、构建和谐家庭中的意义。

四、教学目标

（一）知识与能力

了解《民法典》婚姻家庭编相关法律规定，明确结婚的含义、基本原则、条件和程序，懂得婚姻要珍惜；通过离婚限制是否妨碍离婚自由的辨析，明确离婚要慎重的态度，能够运用相关法律条例联系具体案例分析阐释离婚的条件与方式。

（二）过程与方法

课前走入生活中，合作探究，学习相关法律条例。开展模拟法庭活动，案例分析，激发探究兴趣；课上设置情境引导学生主动探究，生成法治理念与法治意识；通过补充分析《人世间》中具体情境，引导学生分析案例，帮助学生理解婚姻的真谛及法律对婚姻自由的保障；课后布置探究性作业，激发学生公共参与意识。

（三）情感、态度与价值观

让学生通过分享"我心中的好夫妻"，辨析"离婚自由与离婚限制"，探究"离婚冷静期"制度的意义，使学生自觉树立正确的婚姻观，培养学生法治精神和法治意识，引导学生理解树立正确婚姻观的意义。

五、教学重点难点

(一) 教学重点

1. 夫妻在婚姻家庭中地位平等是夫妻关系的核心，是我国男女两性社会地位在婚姻家庭关系中的具体表现。平等不是均等，并非指夫妻在家庭关系中的权利和义务一一对等，而是在考虑男女生理差异的基础上，合理分工，共同承担家庭和社会的责任。教材从平等原则出发，详细介绍了夫妻平等的内涵以及夫妻人身关系平等的表现和夫妻财产制度等具体内容。只有树立夫妻地位平等意识，才能实现夫妻双方互相尊重，做到互相帮助、互敬互爱，共同促进家庭幸福与和睦，维护作为社会细胞而存在的家庭的健康。

2. 我国的社会主义制度为贯彻夫妻地位平等这一法律原则开辟了广阔的道路，提供了有力保障。认真贯彻这一原则，就必须坚决反对性别歧视，禁止家庭暴力，禁止成员间的虐待和遗弃，重点保护妇女在婚姻家庭生活中的各项合法权益。

(二) 教学难点

根据民法典的规定，夫妻财产主要涉及夫妻共同财产和夫妻一方的个人财产。夫妻双方可以约定共同财产和个人财产的范围，没有约定的，按照法律规定处理。夫妻双方对共同财产享有同等的权利，承担同等的义务。财产范围的界定对学生来说有一定难度。结合"婚姻财产分割"和"夫妻共同债务认定"的案例，引导学生认真解读相关法律条文，在明确夫妻共同财产和个人财产范围的基础上，合理合法解决相关财产问题，减少财产纷争，更好地维护夫妻双方的权利，促进家庭稳定。

六、教学设计总体思路

教师通过视频播放《人世间》，让学生想到死生契阔，与子成说。执子之手，与子偕老。登记结婚后，我们与另一半就多了一重关系，即夫妻关系。夫妻关系包括夫妻人身关系和财产关系。婚姻家庭中，夫妻因爱情而相守在一起，如何做到"执子之手，与子偕老"？教师通过组织开展"飞花令",宣读互动游戏规则和通过电视剧《人世间》中围绕周秉义和郝冬梅发生争吵设置情境,让学生学会珍惜婚姻关系。借助门口易测软件批阅学生试卷中的选择题部分,能够很快地发现学生存在的问题。

七、教学过程

(一)教学流程设计

环节一:游戏环节

教师活动:

1. 组织开展"飞花令"活动。

2. 提示学生阅读资料并回答问题。

学生活动:回忆以往所学诗句,分左、右两小组轮流背诵诗句,在吟诵诗词中,初步感悟婚姻的真谛。

设计意图:情境导入的设计成功地激发了学生的学习兴趣和好奇心。通过观看与未成年人保护相关的图片和短视频,学生对法律保护有了初步的认识,并产生了进一步了解的欲望。这种好奇心和兴趣为后续的法律知识讲解和法治实践活动奠定了良好的基础,有助于学生更加深入地学习和理解法律对未成年人的特殊保护。

环节二:辩论环节

教师活动:

1. 播放视频《人世间》。

2. 在学生回答后,教师追问,你是否赞同"男主外,女主内"?教师及时设置课堂辩论,分组辩论。

学生活动:小组讨论。

设计意图:教学中所采用的媒体资源越是多样化,对学生兴趣的吸引程度就越强。该视频资源是从梁晓声创作的同名小说《人世间》改编的电视剧中选取,从学生熟悉的小说情节和电视剧情入手,通过男女双方恋爱、结婚等故事情节激起学生的兴趣,使教学内容的呈现更加直观、更加明确,有助于激发学生的学习兴趣和探究欲。通过视频加深学生对夫妻关系的初步了解并导入本课内容。

环节三：随堂练习

1. 福州市就一起离婚纠纷案进行了开庭审理。经法院查明，2016年李某与王某在民政局登记结婚。2017年婚生一子李某某。婚后二人起初感情良好，四年后，由于性格不合，双方经常发生争吵，矛盾加剧，双方分居至今。近日，李某向法院提起诉讼，要求与王某离婚并分割夫妻共同财产。另查明，二人婚生子李某某患有先天性疾病，多年来，一直由王某照顾。下列表述合理的是（   ）

①法院判决二人离婚，夫妻共同房产归李某，李某给付王某房产一半价值折价款

②法院判决二人离婚，李某某抚养权归王某，李某定期或一次性给付相应的抚养费

③法院判决二人离婚，李某某抚养权归李某，王某定期或一次性给付相应的抚养费

④法院驳回离婚申请，驳回理由因患有先天性疾病的孩子，无法定夺抚养权归属

A. ①②　　　　　　　　　B. ①③
C. ②③　　　　　　　　　D. ②④

2. 陆某离婚后，经人介绍认识了丧偶的徐某某，徐某某有一儿子徐鹏（8岁），二人结婚重组了新家庭，共同抚育徐鹏，两年后因子女教育等家庭琐事，经常吵架，最终二人离婚。半年后徐某某再婚，在和孔某领完结婚证去房管所做变更登记的路上遭遇车祸，徐某某伤重救治不愈而去世。徐某某婚前在市区有一套商品房，为和孔某结婚，已经承诺，一结婚就把房子变更登记为徐某某和孔某共同所有，房屋价值200万，徐某某还有车祸赔偿金70万，徐某某父母双亡，也无其他亲戚，孔某车祸中也负伤，徐某某救治期间的护理工作都由陆某承担，徐某某甚为感动，去世前请在场的一名护士作证留有录影遗嘱，遗嘱申明其死后财产全部留给徐鹏和陆某二人。请根据相关法律规定计算该案例中徐鹏应分得的财产是（   ）

A. 54万 B. 67.5万
C. 90万 D. 135万

3. 2021年1月1日起《中华人民共和国民法典》实施，在离婚程序中增加冷静期。自婚姻登记机关收到离婚登记申请并向当事人发放《离婚登记申请受理回执单》之日起三十日内，任何一方不愿意离婚的，可向受理离婚登记申请的婚姻登记机关撤回离婚登记申请，对此认识正确的是（　　）

①回应了我国高离婚率现状，体现了立法顺应时代的发展和要求
②提高了离婚的门槛，一定程度上是对当事人的离婚自由的限制
③维系了夫妻共同财产关系，有利于促进子女的健康成长
④促使离婚当事人严肃对待婚姻，有利于增强家庭责任意识

A. ①③ B. ①④
C. ②③ D. ②④

4. 王先生因父母过早离世，独自一人拉扯妹妹长大。后王先生结婚，并育有一子，一家三口住在出租屋内，日子虽不富裕，但也其乐融融。天有不测风云，在一次体检中，王先生体检结果显示已是重症晚期。考虑到儿子虽年幼，但有妈妈照顾，王先生便在住院治疗期间，偷偷留下未注明日期的便条作为遗嘱，表明自己过世后将全部家庭财产都留给尚在上大学的妹妹。据此，下列判断正确的是（　　）

①王先生手写的字条没有落款时间，不符合自书遗嘱的法律规定
②家庭财产应由其妻子、儿子与其妹妹共同继承，各分得三分之一
③王先生把全部家庭财产留给妹妹，属于遗赠，妹妹有权获得该财产
④家庭财产是夫妻共同财产，王先生擅自把全部财产留给妹妹行为不受法律保护

A. ①③ B. ①④
C. ②③ D. ②④

5. 唐某（男）与陈某（女）于2019年6月登记结婚，同年8月双方自愿签订一份协议书，明确约定唐某婚前按揭所购房屋的所有权属于夫妻共同财产，但未变更产权登记。2021年3月，陈某以与唐某感情破裂为由，诉请人

民法院判决双方离婚，同时提出唐某婚前按揭所购房屋依据双方签订的协议书，应按照夫妻共同财产分割。对此，以下说法正确的是（　　）

①唐某按揭所购房屋登记在男方名下，离婚时不能作为夫妻共同财产分割

②夫妻在婚姻关系存续期间对婚前财产的约定，对双方均具有约束力

③约定财产具有排除法定财产划分的效力，应采用口头约定形式

④唐某按揭所购房屋应被视为夫妻共同财产，唐某与陈某对此具有平等的处理权

A. ①②　　　　　　　　B. ①③
C. ②④　　　　　　　　D. ③④

课堂练习反馈情况：题号1，正确率96%；题号2，正确率58%；题号3，正确率84%；题号4，正确率71%；题号5，正确率97%。

（二）课堂小结

婚姻是一门包罗万象、关涉人生幸福的大学问，平等的夫妻关系有助于婚姻幸福、家庭和睦。能够走进婚姻殿堂的夫妻应该学会珍惜彼此，在尊重、理解的基础上平等行使权利、平等履行义务，在处理夫妻财产问题时，坦荡、相互商量，为美好婚姻的建设而共同努力。

（三）作业设计

请同学们通过小组合作，使用"问卷星"等小程序，设置一份关于"婚姻观对婚姻关系的影响"的问卷调查，利用周末在周边社区进行走访调查，并形成一份调查报告。（设计意图：为进一步巩固学生对本课知识的学习，培养学生公共参与意识和核心素养，我设计了具有开放性的课后作业，要求学生课下继续开展社会实践，同时形成调查问卷。这是对本节课知识点在实际生活中的运用和发展，为后面的学习做好铺垫。）

八、教学总结与反思

本节是培养学生婚姻与家庭情感的很好素材。课堂上充分让学生展示。教学设计有趣味性，能激发学生的学习兴趣。以小组为单位收集资料和展示

不但培养了学生团结协作的精神，还能充分调动学生的积极性。

  本节课上对于每个环节的时间把握不够精准。今后在课堂上注意把握时间，深浅适中。要调动学生的积极性，课前进行调研和收集材料，课堂上给学生展示机会和实时评价反馈。本节课通过大量生动有趣的文字、图片和视频资料等让学生了解家庭与婚姻和睦统一的局面，增强其民族自尊、自信的情感。

做文明守法学生　创美好安全校园
——从校园欺凌案看全民守法

朝阳市第一高级中学　刘晓川

一、课程基本信息

主讲课程： 政治与法治

使用教材版本： 人民教育出版社（2019版）

教材章节出处： 高中思想政治必修三《政治与法治》第三单元《全面依法治国》第九课《全面推进依法治国的基本要求》

二、教学设计概述

《全民守法》是教材第三单元《全面依法治国》中第九课的第四框题，全民守法是推进全面依法治国、建设法治中国的基础。本框共安排两目内容：第一目"全民守法的内涵"，阐述全民守法的含义、意义，全民守法应遵循的原则，即依法行使权利、依法履行义务、依法维护自己的正当权益。第二目"推进全民守法"，阐述推动全民守法要着力增强全民法治观念，调动人民群众投身依法治国实践的积极性和主动性，不断加强公民道德建设。

《全民守法》是思想政治法治教育的内容。习近平总书记指出，普法工作要在针对性和实效性上下功夫，特别是要加强青少年法治教育，不断提升全体公民法治意识和法治素养。本课的教学让学生知道推进全民守法，必须着力增强全民法治观念；要坚持把全民普法和守法作为依法治国的长期基础性工作，采取有力措施加强法治宣传教育，要坚持法治教育从娃娃抓起，由易到难、循序渐进，不断增强青少年的规则意识；要健全公民和组织守法信用记录，完善守法诚信褒奖机制和违法失信行为惩戒机制，形成守法光荣、违法可耻的社会氛围，使尊法、守法成为全体人民的共同追求和自觉行动。因此，本课题是依法治国的逻辑终点，起着落脚点的作用。

三、学情分析

（一）起点：知识储备与心智特征

本课授课对象是高一年级学生，在知识储备方面，学生在八年级已经学习权利与义务、崇尚法治精神等内容，对全民守法有基本的认知，能够认识到全民守法的重要性，但缺乏对这一概念的深层次理解。同时，学生对于日常生活中的法律事件有较为浓厚的兴趣，但缺少对相关法律常识的科学判断，这就要求教师从学生认知范围中的感性材料出发，创设课堂教学情境，引导学生透过现象看本质，将感性材料生发为理性认知。

（二）过程：认知规律与认知障碍

高一年级学生处于青少年期，认知的深度和精度明显增强。但是，在探索新事物的过程中，思维和兴趣点停留在具体而形象的内容上，抽象和逻辑思维能力较弱，对于比较空洞的普法宣法不感兴趣，让学生参与"如何推进全民守法"比较有难度。这就需要教师在组织教学的过程中，将任务要求明确具体地传递给学生，开展小组合作探究式的研学活动，激发学生的内驱动力和潜在能力。

（三）终点：目标预期与未来理想

课前调研结果显示，高中生大多认同法律在日常生活中发挥着重要作用，且可以通过以学校为主的渠道和平台获取法律知识、接受法律教育。但是，绝大多数学生认为自己对法律的理解程度不够高，生活上常常认为法不责众，并且认为常态化的法治宣传教育效果并不理想。

四、教学目标

(一) 教学总目标
推进全民守法,将法治观念内化于心,外化于行。

(二) 政治认同
通过收集辽宁省相关部门推进法治校园建设的工作,认同全民守法是为了更好地保障人民群众的利益,支持全民守法,进而坚定对法治中国的认同感和自豪感。

(三) 科学精神
通过对校园欺凌案例的分析,理解全民守法的内涵、意义、要求,提高全民守法的自觉性,坚定尊法学法守法用法的信念,做社会主义法治的忠实崇尚者、自觉遵守者、坚定捍卫者。

(四) 法治意识
通过头脑风暴探讨如何推进全民守法,结合三个逐层递进的议题,以预防校园欺凌现象的发生,提高法治意识,学会在生活中依法行使权利、履行义务、严守道德、捍卫公正。

(五) 公共参与
通过分析法治案例,表演校园欺凌情景剧,懂得在日常生活中用法律维护自身合法权益,履行法律规定的相关义务,将个人发展融入国家建设的历史浪潮,为法治中国建设贡献力量。

五、教学重点难点

(一) 教学重点
通过分析不同主体在生活情景中如何遵守法律,理解全民守法的要求和推进全民守法的措施,全方位认识全民守法。

(二) 教学难点
通过查阅相关文献资料,理解如何增强全民守法的积极性与主动性,将科学的法治观念应用到生活实践当中。

六、教学设计总体思路

本节课在教学过程中采用了如下的教学环节：落实"三步六环节"，让课堂活起来，学生思维动起来，流程美起来。第一步：导——课堂导入，教师引导。第一环：定向诱导。意在提示全民守法何以必要。让学生感悟本课的第一个生长点——全民守法的意义，使学生对全民守法的必然性由感性认知上升为理性认同。第二步：学——探究深入，学生学习。第二环：自学探究。意在提示全民守法的具体表现。第三环：小组交流。引导学生结合生活实际，落实本课的第二个生长点——全民守法的表现。第三步：行——行有力度，践行行动。第四环：集体展示。意在提示推进全民守法的措施，落实本课重点。第五环：精讲提升，通过呈现高考真题，给学生指明思考问题的方向，逐步树立起创新意识。第六环：倡议宣誓。通过让学生对反对校园欺凌倡议宣誓，深化学生法治意识，让学生把青春力量投入到全民守法的建设中。

本课以议题教学为主要方式，形成议题、情境、活动和任务四条线索：

议题线：主议题"做文明守法学生，创美好安全校园"下设"感 守法之必要""探 守法之要求""行 守法之生命"三个子议题，由子议题引领六环节，使议题贯穿于教学过程始终。

情境线：遵循"议题论证—议题辩证—议题描述"的逻辑，三个议题彼此相关相连，具有结构化特征。由湖南桑植中学高三女生百日誓师遭网暴新闻—河北邯郸校园欺凌案—《全民守法》法治情景剧构成，是议题式教学的载体。

活动线：由"搜集材料、展示时事新闻""探究问题、表演情景剧""开展辩论、宣传守法"构成，是课堂架构的路径。

任务线：从资料搜集、法治热点事件展示中理解全民守法的内涵和要求；从现实案例、模拟情景剧中，概括推进全民守法的措施。

七、教学过程

(一) 教学流程设计

环节一：定向诱导

教师活动：

1. 展示湖南桑植中学高三女生百日誓师遭网暴新闻。

2. 提出问题：你遭遇过网络暴力吗？你是怎么处理的？

3. 点评学生发言，鼓励学生补充，引导学生归纳。

学生活动：

1. 阅读新闻，进行思考。

2. 自由发言，其他同学随时补充。

设计意图：课前欣赏歌曲《玫瑰少年》，讲述歌曲背后的故事并联系湖南桑植中学高三女生百日誓师遭网暴事件，用贴近学生生活的具体事例激发学生兴趣，引出本课主题。

环节二：自学探究

教师活动：

1. 展示本课所处的大单元教学目标、课标要求、教学重难点以及核心素养目标，引导学生有的放矢逐步完成本节课的探究学习任务。

2. 展示河北邯郸校园欺凌案例。

3. 提出问题：情景剧中同学们的行为是否属于校园欺凌？小敏的哪些权利受到了侵犯？全民守法有何必要？

4. 展示学科融合成果：亚里士多德和卢梭的名言。

学生活动：

1. 阅读探究任务，明确探究方向。

2. 第一组同学表演法治情景剧：《悲伤逆流成河》。

3. 学生观看情景剧后思考问题并回答。

4. 第二组同学分享课前搜集的资料：①什么是校园欺凌；②校园欺凌的危害。

设计意图：通过身边的案例切入，由学生进行情景展示，既能激发学生表演和观看的兴趣，使学生身临其境提高学法用法意识，还能激发学生学习本课知识的兴趣。

环节三：小组交流

教师活动：

1. 播放电影《第二十条》校园欺凌维权片段，并引导学生思考：他们维权的方式可取吗？

2. 分享案例：粉发女孩郑华灵在爷爷病床前分享考研成功的喜讯，却只因染了头发而被网暴导致自杀。

学生活动：

1. 观看视频，并思考维权方式是否可取。

2. 回答合理合法的维权方式。

3. 第三组同学展示维权案例：勇敢的维权者——王晶晶。王晶晶遭受同学的欺凌，面对欺凌，她没有妥协，没有采取以暴制暴，而是通过走法律程序，把校园欺凌的头目蒋某送入监狱。

4. 总结全民守法的表现。

设计意图：借助粉发女孩遭受网暴与王晶晶成功维权案例，通过层层问题设计，加大思维开发量。检验学习效果的同时，拓宽思路、引领思维。通过环环相扣的小组活动引导学生逐步加深对全民守法的含义及具体要求的理解。

环节四：集体展示

教师活动：

1. 展示2022年统计报告，我国每年有100人左右因校园欺凌死亡，近1000人受伤！这警示我们整治校园欺凌，迫在眉睫。

2. 提问：除了相关政府部门努力，我们还可以怎么做？进而推进全民守法，以预防避免类似校园欺凌现象的发生？请大家以小组为单位展开讨论。

3. 习语金句：要坚持以人民为中心。全面依法治国最广泛、最深厚的基础是人民，必须坚持为了人民依靠人民。

学生活动：

1. 第四组同学展示为推进文明法治校园，辽宁省相关部门所做的努力。比如联合下发防止欺凌文件、定期进行专题教育，深入学校，进行安全检查、开展法治宣讲。

2. 展示探究成果。

设计意图：通过开放式课堂讨论，自主合作探究等学习手段的运用，调动学生的积极性和创造性。各小组纷纷交流展示、畅所欲言，从不同层面、不同主体献计献策。教师针对学生发言随时适当点拨，大家在"头脑风暴"式问题探究学习中进行思维碰撞、实现情感共鸣，既将课堂推上小高潮又加深对推动全民守法措施的理解。

环节五：精讲提升

教师活动：

1. 今年全国两会上，有代表提出建议，明确学校是反校园欺凌的第一责任主体。对于学生的欺凌行为没有构成犯罪的欺凌事件，学校应侧重惩戒，还是教育，从而打破校园欺凌的暴力循环？请同学展开辩论。

2. 展示高考真题（2022·天津·统考高考真题），请同学阅读材料，回答问题，运用"全民守法"知识，分析此案例对消费者有何启示。

学生活动：

1. 展开精彩辩论，深化对全民守法的进一步认知。

正方：校园欺凌，重在惩戒。

反方：校园欺凌，重在教育。

2. 小组讨论，得出答案，并进行展示。

设计意图：通过学生展开的精彩辩论，给学生指明思考问题的方向，体现生生合作、情感共鸣，让学生在解决问题的过程中，迸发出创新思维的火花，逐步树立起创新意识。

环节六：倡议宣誓

教师活动：法律需要信仰，承诺需要仪式。反对欺凌，全民守法，从我做起,从现在做起。请领誓人带领全体同学宣誓。

学生活动:共同向"反对校园欺凌从我做起"倡议宣誓。

设计意图:对倡议宣誓,在学习和生活中发扬契约精神,既和课本知识有机结合,又契合"做文明守法学生,创美好安全校园"的议题思想。针对反对校园欺凌宣誓,表明态度、明确责任、振奋士气、前后呼应,同时提升班级凝聚力。引导学生做新时代好少年,为全民守法立誓,深化学生法治意识,激发学生投身法治建设的热情。

(二)课堂小结

全民守法既是法治中国的基石,也是法治中国的最高境界。习近平总书记在党的二十大报告中指出:"加快建设法治社会,弘扬社会主义法治精神,传承中华优秀传统法律文化,引导全体人民做社会主义法治的忠实崇尚者、自觉遵守者、坚定捍卫者。"人民有信仰,民族有希望,国家有力量!让法治信仰根植于我们心中,全民守法,从我做起!从身边的小事做起!从拒绝校园欺凌开始!

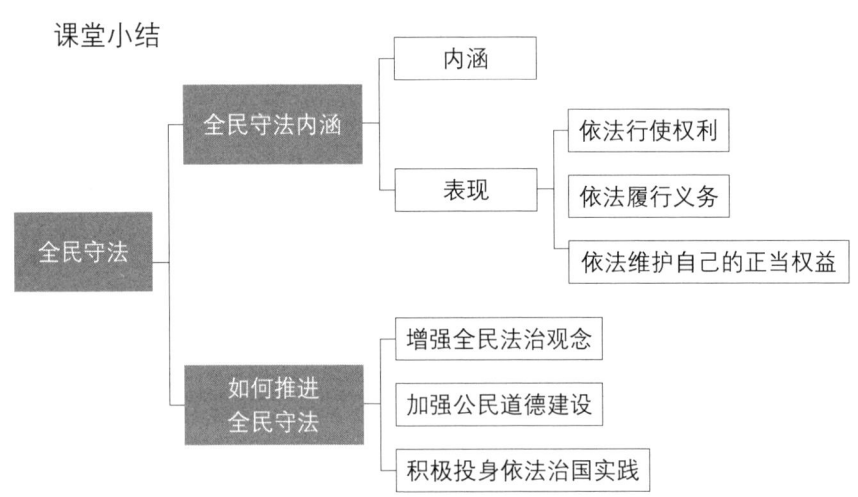

（三）板书设计

填上√ ×，做出判断。

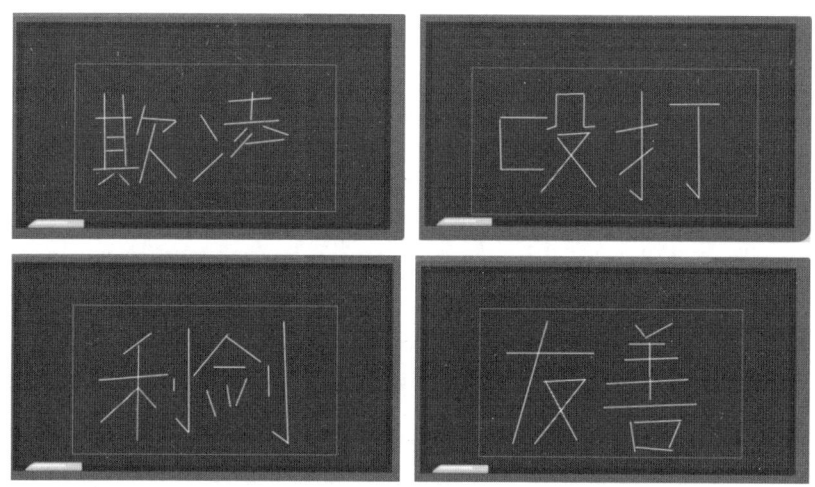

（四）作业设计

随着全民守法的深入推进，小敏的校园生活终于步入正轨。请同学们以小组为单位，给小敏后续的高中生活拍一部情景剧。希望大家诚意十足、创意无限。

要求：内容丰富有趣，弘扬主旋律，传播正能量。

（五）参考资料

[1] 中华人民共和国教育部：《普通高中思想政治课程标准（2017年版2020年修订）》，人民教育出版社，2020年。

[2] 李晓东：《议题式教学设计与实施中的几个关键问题》，《教学月刊·中学版（政治教学）》，2019年。

[3] 沈雪春：《试论思政课议题式教学的基本特征》，《教学月刊·中学版（政治教学）》，2020年。

[4] 王建平、喻承甫、甄霜菊、曾姝倩：《同伴侵害与青少年攻击行为——心理需求满足与意向性自我调节的作用》，《北京师范大学学报（社会科学版）》，2020年。

[5] 曾欣然、汪玥、丁俊浩、周晖：《班级欺凌规范与欺凌行为：群体

害怕与同辈压力的中介作用》,《心理学报》,2019年。

[6] 张荣荣、董莉:《校园欺凌中旁观者行为的作用机制》,《心理技术与应用》,2019年。

八、教学总结与反思

坚持议题引领化。围绕"做文明守法学生,创美好安全校园——从校园欺凌案看全民守法"这一中心议题,设置了三个子议题,构成"一题三议"议题体系,环环相扣,逐步深入。坚持素材生活化。本节课使用全部来自学生身边的素材,以激发学生的探究欲,使原本抽象的理论变得有实际价值和现实意义。坚持知识生成化。本节课通过表演情景剧、素材收集、普法宣讲、头脑风暴、辩论论题、倡议宣誓、精讲提升等多种形式,不断启发学生自主思考,让知识自然生成。坚持课堂民主化。本节课尝试让学生当小老师,素材和情境全部由学生收集,情景剧由学生撰写和拍摄,知识点由学生讲解和整合,措施由学生群策群力共同探讨。

著名教育家苏霍姆林斯基说过:"教育的技巧并不在于能预见到课堂的所有细节,而是在于根据当时的具体情况,巧妙地在学生不知不觉中做出相应的变动。"教师不能拘泥于预设,应时时关注学生的表现和情感需求,顺着学生的思维因势利导、调节课堂节奏。预设反而容易忽视对某些细节问题的处理。本节课在小组讨论中,由于要求大家确定核心发言人,有的小组依赖少数"优生",而后进的学生特别是不爱发言的学生只是"观众",这是本节课有待提高的地方。此时应及时深入学生之中引导后进生树立自信心,给他们更多展示自我的机会。同时要留有足够的时间和空间,加强师生互动,交流彼此的情感、体验与观念,让学习内容不断丰富,让创新的火花不断迸发,在情感升华中使学生增强法治观念、落实守法行动。

全面理解法律侵权责任

大连王府高级中学　谢易红

一、课程基本信息

主讲课程：法律与生活

使用教材版本：人民教育出版社（2019版）

教材章节出处：高中思想政治选择性必修二《法律与生活》第一单元第四课第一框题《权利保障　于法有据》

二、教学设计概述

本节课的内容是选择性必修二第一单元第四课的第一框题。本框题包含"侵权行为的法律责任""侵权责任中的情理法"两目内容，是本单元的最后一课，起深化和落脚的作用。学生在前面学习过人身权、财产权和违约责任的基础上，进一步学习侵权责任的规定。为此本课以"侵权责任"为中心展开分析，设计总议题为：网友编辑百科词条涉名誉侵权，百度被判承担民事责任——议侵权责任的承担；设计三个分议题：议题一：侵权行为的法律责任——百度被判承担民事责任后要面临什么？议题二：侵权责任中的情理法——百度为何要承担民事责任？议题三：体会侵权责任规则的意义——百度侵权案引发的思考。带领同学们体会法律本身所体现的温度和人性的光辉。

情境教学贯穿始终。首先创设情境，使学生积极、主动探求新知；其次进入情境，使学生感悟、生成新知；最后再现情境，促学生踊跃、乐于掌握新知。这一设计贯彻了立德树人的根本任务，紧密结合高考的"无情境，不成题"命题原则，紧密结合社会热点问题。学生在探究中提高灵活运用所学知识方法解决实际问题的能力，强化思维品质的提升。

三、学情分析

（一）认知基础方面

学生在本单元的前三课已经学习了民法的基本原则、公民的民事权利、违约责任的基本内容，这对理解本框内容有一定的铺垫作用。在初中也系统地学习了我国宪法，对自由平等、公平正义的法治精神有基本认同，这有助于学生理解民法典中侵权责任规则制定的价值。但学生在初中时因为当时认知水平和法律知识有限，在高中阶段要有意识地依据民法典"侵权责任编"的相关规定深入挖掘案例背后体现的民法理念。

（二）思维能力方面

学生喜欢研究新事物，喜欢讨论热点问题，思维活跃，已经有了运用法律条文分析解决问题的意识，但还需要进一步提高阐释说明案例的能力，学会分析解释法律条文、运用法律条文分析辨识问题。

（三）学习能力方面

学生自学、合作探究、反思的学习方式较为熟练，能够通过小组合作探究的方式获取生成新知；学生的思辨能力较强，也能够通过小组合作探究的方式分析辨别不同侵权责任的类型。

四、教学目标

（一）知识目标

学生能够通过分析百度公司侵权案例并结合民法典规定，明确涉案行为损害哪些民事权利，应当承担哪些民事责任；阐述侵权责任的承担方式，从而理解法律规定不同的侵权责任承担方式的作用和意义。

（二）能力目标

学生能够通过具体的案例分析过错责任、过错推定责任和无过错责任的区别，提高辩证思考的能力，树立依法维权、依法担责的意识，从而了解其在解决纠纷、实现公平正义与社会和谐方面的作用。

(三)情感、态度与价值观目标

1. 在教学过程中,通过对侵权责任案例的分析,提高学生对我国《民法典》的认同,使其体会民法精神,促进社会公平正义,认同建设法治社会建设重要性,自觉地把法律的权威、社会主义核心价值观的要求和人民群众的切身利益统一起来。

2. 学生在现实生活中能够正确处理复杂的利益关系,用民法典规定的侵权责任规则分析和解决具体侵权责任的案件,养成遇事用法律武器维护自己合法权益的意识,用法律手段处理各种纠纷,为建设和谐社会做贡献。

五、教学重点难点

(一)教学重点

民事主体依照法律规定或者当事人约定,履行民事义务,承担民事责任。民事责任包括违约责任和侵权责任。

侵权责任的三种类型:一是过错责任,二是过错推定责任,三是无过错责任。

侵权责任的承担方式:停止侵害、排除妨碍、消除危险、返还财产、恢复原状、赔偿损失、赔礼道歉、消除影响、恢复名誉。

(二)教学难点

民法典规定侵权责任,旨在保护民事主体的合法权利不受侵犯,合理确定相关行为人与权利人之间的利益。过错责任、因果关系等一般侵权原则的规定在解决纠纷、实现社会公平正义与社会和谐方面发挥着重要作用。同时,民法典中规定的过错推定原则和无过错原则这两种特殊情形,是对某些特殊群体的合法权利给予的特殊保护,体现社会公正。

六、教学设计总体思路

1. 创设情境,初步感知。从现实生活中互联网侵权案件出发,创设情境,并通过设置问题引发学生的认知冲突,让学生真切地深入地思考,从而引出本节课的主要教学内容——权利保障于法有据。

2. 自主交流，建构知识体系。在这个教学环节的设计中，让学生结合课前预习，通过课堂讨论、合作交流等形式实现"新知"的建构，然后学生根据自己的理解能够说出侵权责任的含义、承担方式以及三种类型，体现教师的指导性和学生的自主性。另外小组合作交流加深了学生对三种不同类型侵权责任的理解，使学生学会运用，符合学生的认知规律。

3. 合作探究，完善认识。本课的难点就在于理解侵权责任规则的意义，"今日我是小法官"活动的合作探究，进一步深化了对过错责任、因果关系等一般侵权原则的规定在解决纠纷、实现社会公平正义与社会和谐方面发挥着重要作用的认识，实现了情感的升华。

七、教学过程

（一）教学流程设计

环节一：总议题：网友编辑百科词条涉名誉侵权，百度被判承担民事责任——议侵权责任的承担

教师活动：

1. "无救济则无权利"，这句古老的法律谚语表明，假如法律不能为权利提供保护、无法对侵权人追究法律责任，那么法律所规定的权利将只是一纸空文。

2. 播放"网友编辑百科词条涉名誉侵权，百度被判承担民事责任"一案视频。通过对案件的简单介绍激起学生探究兴趣，从而引发学生们的思考：百度被判承担民事责任后要面临什么？百度为何要承担民事责任？这一案件引发的启示是什么？今天我们就以此为议题，学习"权利保障 于法有据"。

学生活动：观看视频，思考议题。简单了解本节课所学内容。

设计意图：从古老法律谚语开始，结合热点案例引入课题，一方面可以建立前面三课与本课的关联，为学生认识本课的价值作铺垫，另一方面通过创设情境，学生积极、主动探求新知，激发学生学习兴趣。

环节二：议题一：侵权行为的法律责任——百度被判承担民事责任后要面临什么？

教师活动：

1. 百度公司在涉案词条页面的显著位置公开发布赔礼道歉公告，向赵某某赔礼道歉，消除影响并赔偿赵某某精神损害抚慰金。

2. 结合议学情境和教材内容分析：

（1）根据法院判决，百度公司侵害了赵某父亲的什么民事权利？

（2）百度公司需如何承担相应的侵权责任？

（3）赵某就此次侵权案件提请上诉有没有时间限制？

（4）举例说明，侵权责任承担的方式还有哪些？

3. 议学小结：

（1）侵权行为的法律责任：法律保护民事主体的各项人身权和财产权。行为人侵害他人的民事权利，应当依法承担侵权责任。

（2）民法对诉讼时效的规定：向人民法院请求保护民事权利的诉讼时效期为三年，法律另有规定的除外。

（3）侵权责任的承担方式：①停止侵害、排除妨碍、消除危险、返还财产、恢复原状、赔偿损失、赔礼道歉、消除影响、恢复名誉。法律规定惩罚性赔偿的，依照其规定。②可以单独适用，也可以合并适用。

4. 知识拓展：

（1）关于惩罚性赔偿

含义：是指由法庭所作出的赔偿数额超出实际损害数额的赔偿。

目的：通过对义务人施以惩罚，阻止其重复实施恶意行为，警示他人不要采取类似行为。

（2）区分违约责任与侵权责任

侵权责任是民事主体侵害他人权益应当承担的法律后果；违约责任则是当事人违反合同约定，未履行或者未全面履行合同义务所应承担的法律后果。二者在法律上存在重大区别。

（3）关于诉讼时效期间的起算

诉讼时效期间自权利人知道或者应当知道权利受到损害以及义务人之日起计算。

学生活动：

1. 承担侵权责任的法律依据：法律保护民事主体的各项人身权和财产权。行为人侵害他人的民事权益，应当依法承担侵权责任。本案中，百度公司侵害了赵某父亲的名誉权。

2. 赔礼道歉，消除影响并赔偿赵某精神损害抚慰金。

3. 向人民法院请求保护民事权利的诉讼时效期为3年。

4. 侵权责任的其他承担方式还包括停止侵害、排除妨碍、消除危险、返还财产、恢复原状、赔偿损失。

设计意图：借助法律条文进行案例分析，旨在引导学生学会运用法律条文解决生活问题，提升学生运用法律条文阐释说明案例的能力，初步增强学生学法用法的意识。通过列举实例，加深学生对侵权责任承担方式的理解，同时也启示学生要遵守法律、勇于承担法律责任，初步增强法治意识。

环节三：议题二：侵权责任中的情理法——百度为何要承担民事责任？

教师活动：

1. 法院判决百度公司承担侵权责任的依据是什么？

2. 依据民法典第一千一百六十五条、第一千一百六十六条的规定及教材第33页最后一自然段、第34页第一自然段内容，填写下面表格，并思考：如何区分侵权责任的三种类型？

侵权责任类型	相关法律规定	含义	侵权责任构成要件	适用范围
过错责任				
过错推定责任				
无过错责任				

3. 请结合课前预习及民法典的相关法条，阐述过错推定侵权责任和无过错侵权责任的适用情况。

4. 议学小结：

（1）一般侵权责任

①侵权责任的一般规定（过错责任）：行为人因过错侵害他人民事权益造成损害的，应当承担侵权责任。

②侵权责任的构成要件：民事主体的合法权益受到了损害——损害事实；行为人主观上存在过错（故意或者过失）——主观过错；该行为与损害结果之间存在因果关系——因果关系。

（2）过错推定侵权责任

依照法律规定推定侵权人有过错的，其不能证明自己没有过错的应当承担侵权责任。例如：动物园饲养动物致人损害的责任、林木折断致人损害的责任。

（3）无过错侵权责任

法律规定无过错侵权责任的，则行为人只要损害了他人的民事权益，无论其有无过错，均应当承担侵权责任。例如：饲养的动物致人损害的责任、生产者产品责任、环境污染责任。

学生活动：

1. 百度公司承担侵权责任的依据：

（1）赵某父亲的合法权益（名誉权）受到了损害；

（2）百度公司主观上存在过错（百度公司在可以知悉网络用户利用其网络服务侵害他人民事权益之时，未采取必要措施，未尽到网络服务提供者的管理义务，存在主观上的过失）。

（3）该行为与损害结果之间存在因果关系。

2. 先独立完成表格填写，再进行小组合作探究，形成共识，发言人代表小组展示交流成果。

3. 结合导学案中民法典的相关法条的内容，进一步阐述过错推定侵权责任和无过错侵权责任的适用范围。参考导学案中民法典第一千一百六十五条、第一千一百六十六条的规定及教材的相关内容。

设计意图：知识传授是实现价值目标的基础。通过自主学习、小组讨论和教师点拨，并结合具体案例，学生可准确区分侵权责任的三种类型，并为下一个环节运用法律知识分析和解决问题作铺垫。

环节四：议题三：体会侵权责任规则的意义——百度侵权案引发的思考

教师活动：

1. 结合此次百度公司承担民事责任的案件思考：对我国的互联网建设有何启示？

2. 法律规定侵权责任有何意义？结合案例，举行"今日我是小法官"活动。

展示案例：老李赶着驴车进城卖自家种的西瓜。正当他忙着做生意时，旁边商店老板的一条斗牛犬跑过来，把驴咬伤了。驴受惊猛扬后蹄，将路边停着的一辆小汽车踢了一个大坑。车主联系了保险公司。保险公司工作人员表示修车需要花费2万元。有人认为老李应负全责，老李认为这样不公平。

小法官如何判案？

同学们能够依据法律进行案例分析。除此之外，我们还应该考虑小汽车在此停放是否也有过错，是否违反道路交通的相关法律，如果有，可以据此减轻老李的责任。

3. 议学小结：

法律规定侵权责任的意义：

（1）个人角度：旨在保障民事主体的合法权利不受侵犯，合理确定相关行为人与权利人之间的利益；过错责任、因果关系等规定在行为人的自由与权利人的利益保护之间划定了界限。

（2）社会角度：侵权责任规则有助于平衡社会各方利益，合理预防损害，促进社会和谐。法律规定在特定情形中适用过错推定与无过错责任原则，对社会某些群体的合法权利给予特别保护，体现了社会公正。

学生活动：

1. 以"百度百科"为代表的网络百科，已逐步成长为社会依赖的信息获取渠道之一，呈现社会公共利益属性，应对互联网内容建设提出更高的要求。为此应努力营造风清气朗的网络空间，让网络百科类产品真正服务于社会，服务于互联网发展。

2. 法官判决：

（1）在上述案例中，老李饲养的驴因受惊将小车踢了一个大坑，老李作为驴的饲养人应该承担无过错责任。

（2）案件中老李的驴是因为被旁边商店老板的斗牛犬咬伤才踢坏小车的，商店老板作为斗牛犬的饲养人，应当承担第三人的赔偿责任。所以，老李不应该承担全部责任，应当由老李和斗牛犬的主人共同承担无过错侵权责任，这样更加公平。

设计意图：本环节再现新的情境，通过选择典型的案例，设计学习任务和问题来突破教学难点。让学生通过"今日我是小法官"活动对案例进行分析，深入理解侵权责任的类型，进一步提升运用法律分析解决问题的能力。通过问题引领，深入挖掘案例背后体现的民法理念，对学生进行正确价值观的引领，增强学生对民法理念的认同，坚持了价值性和知识性相统一。

（二）课堂小结

民法典蕴含了国家治理的中国理念、中国精神、中国价值，是推进国家制度建设和国家治理现代化的重器。本课以"侵权责任"为中心展开分析，通过教学，让学生了解法律关于侵权责任的相关规定，了解诉讼时效，比较一般侵权责任、特殊侵权责任以及无过错侵权责任。

通过本课的学习我们要知法于心、守法于行，努力成为社会主义法治的忠实崇尚者、自觉遵守者和坚定捍卫者。在法、理、情的交融中，让我们一道为建设和谐美丽的法治中国而贡献自己的力量！

（三）板书设计

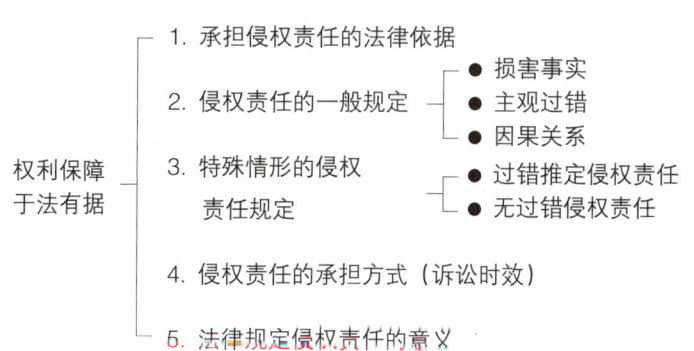

（四）作业设计

以学习小组为单位，对本校开展一次体育运动安全调查，调查存在哪些造成运动损伤的因素，调查运动受伤的处理与责任承担，查找运动受伤法律事件，查找法律对体育运动安全的有关规定，设计一份关于预防运动损伤的安全与法治主题教育方案。

（五）参考资料

［1］国务院办公厅：《关于进一步把社会主义核心价值观融入法治建设的指导意见》，2016年12月25日。

［2］《中华人民共和国民法典》。

［3］中华人民共和国教育部：《普通高中思想政治课程标准（2017年版2020年修订）》，人民教育出版社，2020年。

［4］《中共中央关于全面推进依法治国若干重大问题的决定》，https：//www.gov.cn/zhengce/2014-10/28/content_2771946.htm.

八、教学总结与反思

本节课以"学科核心素养"的达成为目标，有针对性地分析现实生活中互联网的侵权案件，将抽象的民法学理论与社会热点紧密结合，使理论知识生动化、形象化，加深学生对法律理论知识的理解，并学会运用法律武器维护合法权益，体现贯彻立德树人的根本任务。

运用了议题式教学的方法，通过三个教学环节——创设情境、进入情境、再现情境的设计达到了预期的教学目的，重视学生的主体地位和作用，让学生动起来，在教学中树立了民主、平等的师生观。

好的问题能够激发学生的思考力、创造力，提升思维品质，所以要加强对议学问题的设计。

在小组讨论的环节中要注重时间的把控，并且要对小组的讨论给予有针对性的指导。

从《民法典》何以成立法"典"范说起

沈阳市第一中学　朱　迪

一、课程基本信息

主讲课程： 政治与法治

使用教材版本： 人民教育出版社（2020版）

教材章节出处： 高中思想政治必修三《政治与法治》第三单元《全面依法治国》第九课《全面依法治国的基本要求》

二、教学设计概述

依法治国是中国共产党治国理政的基本方略。《中共中央关于党的百年奋斗重大成就和历史经验的决议》中指出，必须坚持中国特色社会主义法治道路，贯彻中国特色社会主义法治理论，坚持依法治国、依法执政、依法行政共同推进，坚持法治国家、法治政府、法治社会一体建设，全面增强全社会尊法、学法、守法、用法意识和能力。面对中国特色社会主义社会治理现代化的新要求，要让学生树立依法治国的坚定信念，高中思想政治课是进行法治教育的重要阵地。《普通高中思想政治课程标准（2017年版2020年修订）》对应的内容要求为"3.2 搜集材料，阐述科学立法、严格执法、公正司法、全民守法的基本要求"。在教学提示中，建议以"公民参与立法有什么意义、有哪些途径"为议题，探究推进科学立法、民主立法、依法立法，以良法促进发展、保障善治的意义，理解公民依法行使民主权利的制度。在本课的学习中，学生可通过参与立法，理解科学立法的内涵，明确参与立法的具体途径，从而理解并阐释科学立法的基本要求。

瑞士著名的儿童心理学家皮亚杰的活动决定人的发展的理论认为，人是活动中的个体，在人与环境、人与教育、人与遗传这三对关系中，活动是最关键的因素。

本节课以《民法典》法本内容及相关材料为载体，"一例到底"实施议题式教学，结构流程具有结构性；依托比对、探究、商讨等切实可行的课堂活动，将搜集资料和课文内容连接起来，实现教学内容的活动化。

三、学情分析

授课对象为高一学生。首先，从知识储备上看，学生已经初步理解立法的含义和立法的必要性等相关知识，但是整体储备较少；学生普遍认为我国的立法机关就是"人大"，对立法程序更是缺乏了解，对科学立法的理解也有所欠缺。其次，从学习能力上看，该阶段的学生具备较强的逻辑思维能力和探究能力，但缺乏法律应用的实际能力。最后，从情感角度看，学生对法律已经有了一定认同感和崇敬感，但对法律的认同处于感性阶段，有待教师从理性认识的角度，增强学生对科学立法的深层次认同。

四、教学目标

（一）知识目标

1. 形成对法治的理性认识和情感认同，提高参与立法实践的水平。

2. 通过分析《民法典》的制定过程，明确科学立法的程序和技术，理解科学立法要依法立法；通过参与民主协商，理解立法过程充分发扬民主的意义，树立法治思维、法治意识，推进科学立法。

（二）能力目标

从思政小课堂走向社会大课堂，日常生活中积极为国家立法工作建言献策，并努力学习法律知识，用法律维护自身合法权益，增强学法、懂法、守法、用法意识和能力，积极投身于社会主义法治建设。

（三）情感、态度与价值观目标

结合《民法典》的编纂过程，感受党的领导、人民当家作主和依法治国的有机统一，增强对中国特色社会主义法治道路的认同。

五、教学重点难点

（一）教学重点

理解科学立法的内涵。理解科学立法要做到依法立法；科学立法要充分发扬民主；科学立法要合理设定权利与义务、权力与责任。明确科学立法对推进全面依法治国的重要意义。

（二）教学难点

理解科学立法过程中充分发扬民主，坚持民主立法、广开言路的意义。阐释在我国社会主义民主政治伟大实践中坚持党的领导、人民当家作主和依法治国的有机统一的重要意义。

六、教学设计总体思路

（一）教学思路

本课以"从《民法典》何以成立法'典'范说起"为主议题，整体设计考虑了以下三个方面的内容：

1. 教学流程上，遵循"议题引出—议题描述—议题论证"的顺序，议题以《民法典》为载体，"谋良法—学良法—品良法"三环节紧密关联，具有结构化特征。

2. 学科内容上，主要涉及科学立法的内涵、标准与如何推进科学立法，具有结构化特征。

3. 情境设计上，选取《民法典》编纂历程、法条等内容，能广泛吸引学生兴趣和课堂参与热情。

（二）教学路线

本课以议题教学为主要方式，议题、情境、活动和任务形成四条线索：

1. 议题线：主议题"从《民法典》何以成立法'典'范说起"下设"议题引出—议题描述—议题论证"三个环节。每个环节各由一个子议题引领，使议题贯穿于教学过程始终。

2. 情境线：由"《民法典》编纂缘由—《民法典》出台历程—《民法典》法条案例"构成，是议题式教学的载体。

3. 活动线：由"分组探究、商讨—阅读、课前调查"构成，是课堂架构的路径。

4. 任务线：从生活中的案例引出民法典，进而引入科学立法；从《民法典》编纂历程探究科学立法的内涵和原则，从出台过程明确科学立法的措施；从生活案例中学法，提升法治素养。

七、教学过程

（一）教学流程设计

环节一：课堂导入

教师活动：8岁的熊孩子瞒着家长给游戏主播大额打赏，家长能怎么办？高空抛物事件频发，受害者能怎么办？这些问题，有一部法律通通能给我们解答，这部法律就是《民法典》。《民法典》一共包括7篇，1260条法条，创下了立法史的新纪录，被誉为社会生活的百科全书，是新时代人民权利的宣言书，今天这节课，我们就围绕"《民法典》何以成立法'典'范"这个议题展开探讨。

学生活动：思考教师提出的问题，进入本节课的学习。

设计意图：通过与学生相关的案例激发学生的学习兴趣，导入新课。

环节二：观看视频，分析编纂《民法典》的原因

教师活动：播放视频《民之法典》。《民法典》编纂之前，我国已经有婚姻法、继承法、民法通则、合同法、物权法、侵权责任法等单行法，为什么还要编纂《民法典》？

学生活动：观看视频，思考问题并回答。

教师活动：

1. 民事单行法之间相互冲突和矛盾，依法治国的需要。

2. 人民权利的宣言书，保障人民权利的需要。

3. 顺应时代发展的需要，符合国情和实际，时代的需要。

设计意图：通过视频引导学生思考原有的法律体系存在的问题，进而引入科学立法的内涵，同时也培养学生的信息提取与总结的能力。

环节三：结合材料，归纳科学立法的原则

教师活动：继续"留"，就是对行之有效、科学合理的现行民事法律规范予以继承、沿用，维护法律的稳定性。灵活"合"，就是对不同民事单行法中的重复规定予以整合，维护法律的统一性。善于"改"，就是对现行法律中不适应现实情况的规定予以修改完善，提高法律的有效性。大胆"立"，就是针对经济社会生活中出现的新情况、新问题，作出有针对性的新规定，确保法律的适应性、前瞻性。敢于"废"，就是对不适应社会发展需要的法律制度、法律规定予以废止，突出法律的时效性。巧妙"空"，就是善于作立法"留白"，对于尚未形成社会共识的具体规则与制度，深入研究后认为暂时不宜规定的即不规定，为实践发展留下必要的法律空间。思考：在编纂民法典的过程中提出了六字箴言，"留、合、改、立、废、空"，如何体现科学立法的原则？

学生活动：结合材料信息及教材内容，小组合作，归纳科学立法的原则。

教师活动：

1. 体现我国社会主义国家性质，顺应时代发展要求，推动国家发展进步，保障人民各项权利。

2. 科学立法符合国情和实际。

3. 立法必须遵循法律体系的内在逻辑和立法工作规律，遵循立法程序，注重立法技术，努力实现立法过程的科学化。

设计意图：通过情境材料讲授科学立法的原则，化抽象为具体，便于学生加深对知识的理解，同时转变学生的学习方式，培养学生的小组合作探究能力。

环节四：根据《民法典》出台过程，总结科学立法的举措

教师活动：展示材料。

（1）中共中央十八届四中全会提出编纂任务总览全局，协调各方，领导立法。

（2）专家编纂草案，提供技术化专业化意见。

（3）全国人大常委会作出决定，将民法典草案提请全国人大审议。

（4）公民广泛向社会征求意见，推动立法民主性、科学性。

（5）全国人大审议通过最高国家权力机关，行使最高立法权。

（6）国家主席颁布施行，法律生效。

民法典的成功编纂对推进科学立法有何启示？

学生活动：讨论，回答问题。

教师活动：

1. 科学立法要做到依法立法，在法治的轨道上制定合法有效的规范性文件。

2. 科学立法要充分发扬民主（坚持人民主体地位）。

设计意图：学生根据教师给出的素材去分析总结科学立法的措施，培养学生分析问题的能力与合作探究精神。

环节五：《民法典》普法活动

教师活动：课前让学生选择自己所感兴趣的《民法典》板块，结合相关案例阐释其中的法律条文，课堂上进行交流分享。

学生活动：学生课前收集材料，课上进行普法宣讲。

设计意图：本部分作为课堂内容的延伸，旨在通过相关案例材料，引导让学生在做中学，并培育其材料选取和论证观点的能力。

（二）课堂小结

《民法典》是我国科学立法的生动实践之一，立善法于天下，则天下治；立善法于一国，则一国治。新时代在党的领导下通过坚持科学立法、民主立法、依法立法，完善中国特色社会主义法律，全面推进依法治国，加快法治中国的建设。

希望同学们在今后的学习生活中不断增强法治观念，为法治中国的建设贡献自己的一份力量。

（三）作业设计

1. 基础练习：完成本节课对应的练习题。（15分钟）

2. 拓展练习：

材料：2020世界人工智能大会在中国上海举行。各国大咖云端论道，人工智能的当下作用与未来前景越发清晰。人工智能被赋予了更多期待和重任，在疫苗药物研发、新型基础设施建设等领域大显身手。与此同时，清华大学法学院院长申卫星认为："自动驾驶汽车、人脸识别技术、深度伪造技术、算法歧视、公共部门的AI服务与决策等方面都蕴藏着较大风险。"中国社科院法学研究所副所长、研究员周汉华表示："人工智能发展带来前所未有的机遇，也面临各种挑战，需要良法善治保驾护航。"

请同学们在课后根据所给材料思考：

（1）面对人工智能对法治社会的影响，应怎样发扬民主实现科学立法？

（2）人工智能涉及多个行为主体，应如何规范其行为？

结合"人工智能"这一热点话题，引导学生进一步理解民主立法和科学立法的内涵，理解民主立法的过程和要求，明确不同行为主体的权利与义务、权力与责任。

八、教学总结与反思

道阻且长，行则将至。

叶澜教授说："一个教师写一辈子教案不可能成为名师，如果一个教师写三年教学反思，就有可能成为名师。"任何一节课的讲授都要做好及时的教学反思，只有不断反思才能促进教学能力的提升。必修三《政治与法治》第九课第一框科学立法，作为依法治国的前提，在本课起着理论奠基的重要地位。下面将从教学设计和课堂反馈两个方面进行反思。

（一）教学设计

高中生正处于核心素养养成的"拔节孕穗期"，对于思政教师而言，既要完成相应的教学任务，又要实现思政课立德树人的使命，就需要精心进行教学设计。本节课采用议题式教学，围绕"从《民法典》何以成立法'典'范说起"这个总议题展开探讨。课堂导入通过两个案例——未成年人打赏主播与高空抛物——引出《民法典》，案例选择贴近学生生活，激发学生学习兴趣；播放视频让学生总结编纂《民法典》的原因，从而引入科学立法；结合教材及《民法典》编纂过程中的六字箴言，归纳科学立法原则，培养学生分析问题的能力；让学生小组合作，根据《民法典》的编纂过程总结推进科学立法的举措，培养学生的合作探究能力；最后由学生化身法治宣传员进行普法宣传，增进学生的法治意识和公共参与精神。按照上述逻辑脉络展开，设计小组合作、材料分析、《民法典》普法等活动培养学生的信息收集与提取能力、合作探究能力、表达能力等，引导学生努力学习法律知识，积极为国家立法工作建言献策，学会用法律维护自身合法权益。教学过程注重发挥学生的主体地位，把课堂还给学生，充分调动学生的学习兴趣和课堂参与的积极性。

（二）课堂反馈

1. 成功之处：

（1）本节课前做了充分的准备，教学材料、PPT等都做了精心设计，选取的视频、文字材料等学生较为感兴趣，教学过程中知识点衔接连贯，重难点突出，整节课效果总体较好，达到了预期的教学目标。

（2）课堂上设计了小组合作、学生展示等活动，充分发挥了教师的主导作用，体现了学生的主体地位，学生在课堂上积极思考回答问题，学生的分析问题和解决问题的能力得以提升，课堂氛围较为活跃，学生的参与度和积极性都很高，高效完成了教学任务。

2. 需要改进的是：

（1）对知识点的讲授还需精准、较真，不能模棱两可，比如修改宪法、制定基本法的只能是全国人民代表大会，全国人大常委会可以制定其他法律。其次在课堂板书上需清晰呈现，本节课板书虽然是用了不同颜色的粉笔，但结构还需再精雕细琢，便于学生对本节课的知识点充分把握，准确识记。

（2）要注意把握教学节奏，合理分配课堂时间，本节课的前半部分节奏略慢，最后留给学生的普法活动时间不足，课堂检验也没有时间进行，而这对检验教学成效是至关重要的。

（3）提问学生的范围不够广，集中在几名积极活跃的学生。应更多关注较为沉默的学生，提高其课堂参与度，避免其游离于课堂之外。

以宪法赋能乡村振兴人才培养

辽宁农业职业技术学院　王小一

一、课程基本信息

主讲课程：思想道德与法治

使用教材版本：高等教育出版社（2023版）

教材章节出处：《思想道德与法治》第六章《学习法治思想提升法治素养》第三节《维护宪法权威》

二、教学设计概述

《维护宪法权威》是教材第六章《学习法治思想提升法治素养》主题中的第三节，本课有三个板块："我国宪法的形成和发展""我国宪法的地位和基本原则"和"加强宪法实施和监督"。本课对应的课程内容：知道我国宪法是国家的根本法，要维护宪法权威、捍卫宪法尊严、保证宪法实施。理解宪法的基本原则，了解加强宪法实施与监督的措施。但学生对我国宪法的内容、实施与监督了解甚少，如何让学生树立宪法意识，培养学生法治思维，进而使学生能够将法治思维外化为法治行为，成为合格的社会主义建设者和接班人至关重要。

《维护宪法权威》是法治教育的内容，坚持依法治国首先要坚持依宪治国。本课的教学使学生明确宪法是我国根本法的地位，充分理解我国宪法在全面依法治国中的突出地位和重要作用，了解切实尊重和有效实施宪法的措施。对学生进行法治教育，使学生形成法治信仰和维护公平正义的意识，做社会主义法治的忠实崇尚者、自觉遵守者、坚定捍卫者。

三、学情分析

本课的授课对象是农学园艺专业23-1班学生。

（一）思想特点

该专业学生具备高职学生思维活跃，喜欢在实践活动中自主建构思维体系的基本特点；根据课前问卷调查分析得出，大部分学生有运用宪法、法律解决问题的自主意识；部分学生价值观单一，对宪法、法律欠缺关注、关心，尚未建立完善的法治观念。

（二）知识储备

在前置学习中，学生对法律基本常识、国情国策有初步了解；根据课前调查问卷分析，大部分学生掌握宪法的基础知识，但对宪法的实施与监督较为陌生，能够接受进一步的宪法理论性学习；部分学生对宪法既不关注也不了解，缺少对宪法的基本认识，故对本节课程内容学习兴趣不浓。

（三）能力水平

具备高职院校学生实践性强的基本特点，已初步掌握辩证分析的能力，有一定的理性思考能力和分析问题能力，但自主学习能力较差。

四、教学目标

（一）知识目标

学生通过视听学习将理解宪法是我国的根本法，通过"法条达人"活动将掌握宪法根本大法的地位和基本原则，通过了解校本案例知道维护宪法权威的手段和途径。

（二）能力目标

学生通过本节理论知识的学习，能够履行保障宪法实施的公民职责，逐步具备与各种破坏宪法权威的行为和倾向作斗争的能力。

（三）情感目标

学生通过小组合作讨论、自主梳理知识、模拟场景等方式，增强宪法意识，树立法治观念，进一步形成法治思维，尊重和维护宪法法律权威，增强新时代新征程农业农村法治建设的使命感。

五、教学重点难点

（一）教学重点

1. 了解我国宪法监督的主体与内容，宪法监督的制度。
2. 懂得全面依法治国必须健全宪法实施和监督。

（二）教学难点

1. 理解实施宪法的具体要求。
2. 知道尊重和有效实施宪法的重要性。

六、教学设计总体思路

利用2课时对本节课进行教学，总体设计思路如下：

1. 基于大中小学思政课一体化建设要纵向衔接的要求，采用OBE以目标导向为主，问题导向为辅的教育理念，做好学生中小学法治知识的衔接，并将教学目标融入整个教学过程。

2. 灵活运用BOPPPS教学模式，每课时采用P（课前评估）→B（引入）→P（参与式教学）→P（课后评估）→S（课程总结）顺序，完成整个教学流程。

3. 在教学内容中以农学相关知识、信息辅助宪法理论性知识的讲解，利用VR、学习通和多媒体等信息化手段，运用合作学习教学法、视听教学法、任务驱动法、3W反思法加深学生对宪法理论性知识的理解与记忆。

4. 针对本节课"加强宪法的实施与监督"这一重难点，除了采取引用校本案例的教学手段与方法，同时在课后布置作业——以"寻找'田间地头'中的宪法"为主题拍摄微视频，让学生深度体验、感受宪法就在身边，加强宪法的实施与监督人人有责。

七、教学过程

（一）教学流程设计

第一课时

环节一：课前评估（Pre-assessment）

教师活动：

1. 制定导学思维导图，通过学习通安排预习任务。

2. 利用问卷星将学情分析与课前测试结合，收集预习反馈，进行汇总，有针对性地制定教学目标、流程及重点内容。

学生活动：

1. 根据导学思维导图明确学习宪法的内容，进行预习，进而形成宪法学习的初步思路，了解简单要点。

2. 积极参与问卷调查，及时反馈问题。

设计意图：学生通过自学，为课堂教学做好准备。教师利用信息化教学手段布置任务、设置问题，一方面，引发学生对本节学习内容的关注度，使学生由被动学习转向主动学习；另一方面，根据学生反馈设置教学内容，更加符合学生认知规律，提升学习效果。

环节二：引入学习情境（Bridge-in）（7′）

教师活动：

1. VR情境导入：云端游览"五四宪法"历史资料陈列馆。

2. 组织学生以小组为单位网上游览"五四宪法"历史资料陈列馆，思考"五四宪法"从何而来？

3. 总结各组讨论情况，引出新知，导入新课。

学生活动：

1. 以小组为单位游览，边游览边相互交流，体会"五四宪法"形成、修改历程。

2. 思考并简要回答问题。

设计意图：通过网上游览使学生直观感受我国宪法的形成历程，同时充分运用VR的信息化手段实现"沉浸式情境"教学，增强学生自主探索、学习的兴趣。

环节三：参与式教学（Participatory teaching）①短视频案例：《你知道"宪法的前世今生"吗?》（15′）

教师活动：

1. 让学生根据短视频与书中内容，自行总结宪法形成与修改的时间脉络。

2. 结合案例与情境导入分析讲解宪法形成与修改的时间脉络，讲解从建立革命根据地开始，我党进行的制定和实施人民宪法的探索和实践，以及随着党领导人民建设中国特色社会主义实践的发展而不断完善宪法的历程。

引导学生学习、记忆宪法形成与修改的历程，感悟推动宪法完善和发展，是我国宪法保持生机活力的根本原因所在。

学生活动：

1. 观看视频并依据短视频与书中内容自行总结宪法形成与修改，以小组为单位展示总结成果。

2. 听取总结讲解，感受宪法同党和人民进行的艰苦奋斗和创造的辉煌成就紧密相连，同党和人民开辟的前进道路和积累的宝贵经验紧密相连。

设计意图：选取的视频内容科学丰富、设计轻松幽默，将宪法的"前世今生"以及我国宪法的形成与修改进行自然衔接，吸引学生观看，扩展学生对宪法知识的了解，同时便于学生对教学内容的记忆。

环节四：参与式教学（Participatory teaching）②法条达人竞赛（20′）

教师活动：

1. 以相关法条为案例分析宪法根本法地位，更直观地使学生理解、记忆"我国宪法是国家的根本法，具有最高法律效力，规定了我国根本制度"等理论性知识。

2. 列举宪法五项基本原则，引导、组织学生查找《中华人民共和国宪法》中规定了五项基本原则的法条，并组织学生用学习平台进行抢答。

3. 对学生抢答情况进行总结分析。通过分解法条讲解宪法五项基本原则的意义与内涵，引导学生进一步理解我国宪法在依法治国中的突出地位与重要意义。

学生活动：

1. 根据教师上传学习平台的法律法规资料，查找法条，并通过学习平台"抢答"功能回答问题。

2. 通过教师总结，理解宪法在全面依法治国中的突出地位和重要作用。

设计意图：以法条为案例，使学生通过法条原文直观、充分地感受宪法的严肃性、理论性；开展法条达人竞赛活动，寓教于乐，激发学生对宪法知识学习的动力，在竞赛中获得知识。

环节五：课后评估（Post-assessment）及课堂小结（Summary）（3′）

教师活动：

1. 设置问题邀请学生回答。

2. 对本小结关于宪法形成与修改的内容以及宪法的地位与基本原则进行简要总结，引导学生进一步意识到宪法作为我国的根本大法，是党的主张和人民意志的高度统一，维护宪法权威，就是维护党和人民意志的权威。作为时代新人，应肩负尊重和维护宪法权威的责任，为法治中国添砖加瓦。

学生活动：对本小节知识点进行回顾并回答问题，巩固宪法理论知识。

设计意图：总结知识，引导学生养成学习后复盘、改进的习惯，提升学生课堂参与感、获得感。

第二课时

环节一：引入学习情境（Bridge-in）（5′）

教师活动：

1. 组织全体学生进行宪法宣誓，再次体悟宪法作为我国根本法的庄重严肃，进一步引导学生对我国宪法要尊重与重视，要维护宪法尊严。

2. 通过引用习近平总书记的讲话"宪法的生命在于实施，宪法的权威也在于实施"，引出维护和捍卫宪法的生命与权威实质上是在于加强宪法的实施与监督。

学生活动：全体学生起立，安排一名学生领誓，全体学生举起右拳，进行宣誓。

设计意图：使学生对法治的情感升华，增加学生对我国宪法的认同感，增强学生对加强宪法实施、完善宪法监督的责任感。

环节二：参与式教学（Participatory teaching）①校本案例：《从军记》《以青春之花，结奋斗之果》（20′）

教师活动：

1. 邀请学院2020—2021学年度"榜样的力量"奉献之星荣誉称号获得者胡博文讲述自己从军事迹。

2. 邀请学院2020—2021学年度"榜样的力量"劳动之星荣誉称号获得者姚云龙讲述自己为学院"管棚护园"事迹。

3. 两位同学分别讲述自身从军、劳动的经历与收获。

4. 组织学生与两位同学进行互动交流。

5. 引导学生从真实案例中体会宪法就在身边；履行服兵役义务，行使劳动权利履行劳动义务，行使受教育权利履行受教育义务均是宪法中的规定。引导学生体悟宪法的实施与我们每个人息息相关。

学生活动：

1. 聆听胡博文的分享，感受义务服兵役的奉献精神。

2. 聆听姚云龙的分享，体会在身边的劳动精神。

3. 结合聆听思考感悟，向胡博文、姚云龙提问。

4. 结合教师讲解，思考自己身边实施宪法的行为、活动，理解宪法的实施离不开每个人的努力与奉献。

设计意图：一方面，通过案例探究的方式将宪法实施具象化，落点在学生身边的故事，易于学生理解。另一方面，以案例原型亲自讲述的方式增强代入感，增强说服力。

环节三：参与式教学（Participatory teaching）②校本案例：带领学生参观我院校史馆第三展厅科学研究部分（15′）

教师活动：

1. "培育出来的任意品种都可以直接推广、种植吗？"引导学生关注案例。

2. 分析学生回答并总结，依据《中华人民共和国种子法》《非主要农作物品种登记办法》列入登记目录的品种在推广前应登记，如我院熊花1号花生、熊杂8号高粱。

学生活动：

1. 跟随教师引导观看相关专业科研成果样本及介绍，激发对宪法知识、专业知识的学习热情与投身乡村振兴伟大实践的热情。

2. 以小组为单位讨论并回答问题。

3. 听取教师总结，将专业知识与宪法知识相结合，感悟宪法是每个公民享有权利、履行义务的基本遵循，要在宪法的阳光照耀下学好专业知识，为乡村振兴出一份力！

设计意图：一方面，通过让学生近距离直观体会，采用由此及彼的方式进行引导，锻炼学生逻辑思维，自主感悟宪法贯穿生活每个角落。另一方面，针对宪法监督这一重难点，选取校本案例辅助教师讲解，能够拉近学生与宪法监督的距离，增强学生宪法监督意识。

环节四：课后评估（Post-assessment）与课堂总结（Summary）（5′）

教师活动：

1. 引导学生对活动进行复盘总结。随机请1名学生总结本节课的知识或者学习经验。要求学生从知识、能力等方面分别讲解一下本堂课自己学习的可取之处与不足之处及改进方法等。

2. 在学习通中设置课堂总结主题讨论。

3. 从知识、能力与素质等方面总结课堂上开展的活动，对学生总结进行升华。

学生活动：

1. 运用3W反思法思考总结本节课的知识或学习经验。我学到了什么（what）？我学会了什么（what）？我能够做什么（what）？

2. 通过学习通提交课程总结。

设计意图：通过教师的课后评估、总结，对所学知识及培养能力的内容进行升华，学生进一步领悟所学的意义，将课堂所做、所学化成自身思维，进一步提升法治素养，形成法治思维。

（二）课堂小结

本节课介绍了中国共产党领导人民制定、修改宪法的历程，我国现行宪法为"八二宪法"，最新一次修订时间是2018年。宪法是我国根本大法，要采取更加有力的措施加强宪法的实施与监督，维护宪法权威。"全面贯彻实施宪法，是建设社会主义法治国家的首要任务和基础性工作"，宪法实施与监督也是依法治国的重要方面。因此，一方面要学好用好宪法，加强宪法理论学习研究、宣传教育，坚决把宪法精神贯彻到立法、司法、执法、守法各个方面和全过程；另一方面要健全备案审查机制，推进合宪性审查，完善制度。最重要的是，同学们在我国建设农业强国的道路上，要以宪法为"燃料"，以专业知识为"引擎"，弘扬宪法精神，树立宪法权威，做社会主义法治的忠实崇尚者、自觉遵守者、坚定捍卫者，助力乡村振兴！

（三）板书设计

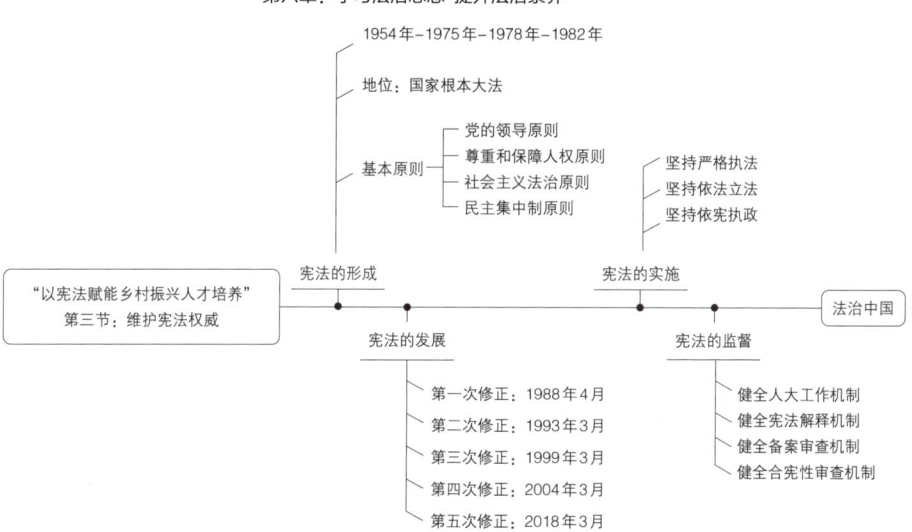

（四）作业设计

1. 作业内容：通过本节课的学习，请学生以小组为单位拍摄一部以"寻找'山间地头'中的宪法"为主题的微视频，注意要体现宪法基本原则。

精神，把握基本内容，注重宪法精神的解读。微视频制作时长限制在5-10分钟，要主题鲜明，中心突出，线索清晰。教师将优秀视频上传至在线开放课程相关栏目中，上传学习通主题讨论。

2. 评价方法：生评与师评相结合。

3. 评价过程：教师在学习通中设置主题讨论，由学生相互进行评价、交流，教师做最后总结。

4. 评价标准：学生能否全面、客观、公正地认识到宪法作为国家根本大法的意义与我国加强宪法实施与监督所采取的措施。评价学生感悟应以激励为主，这样能有效地激发学生参与的热情，有利于学生的发展。

（五）参考资料

［1］《中华人民共和国宪法》。

［2］习近平：《论全面依法治国》，中央文献出版社，2020年。

［3］中共中央宣传部、中央全面依法治国委员会办公室：《习近平法治思想学习纲要》，人民出版社、学习出版社，2021年。

［4］《新时代学校思想政治理论课改革创新实施方案》，https：//www.gov.cn/gongbao/content/2021/content_5595931.htm.

［5］《关于深化新时代学校思想政治理论课改革创新的若干意见》，https：//www.gov.cn/zhengce/2019-08/14/content_5421252.htm.

［6］《2023年全国人大及其常委会加强和创新宪法实施情况报告》，http：//www.npc.gov.cn/c2/c30834/202402/t20240223_434718.html.

八、教学总结与反思

（一）特色与创新

1. BOPPPS教学模式的创新应用。通过科学分析学情，在原BOPPPS教学模式基础上，变更教学流程顺序，做好学段之间教学目标、教学内容的衔接，达到"大中小思政课融会贯通，一体化协同育人"目的。

2. "思政课程""课程思政"齐发力，落实"三全"育人。积极促进党史学习教育与思政课教学的深度融合。运用VR云端游览等手段，讲好党的故事，厚植家国情怀，达到以史育人、鉴往知来的教育目标。

3. 将理论课堂搬进校史馆，积极促进专业知识与思政课教学的融合，增强学习效果。构建沉浸式活动型思政课堂，使学生增进对思政课理论知识的理解，增强思政课说服力、感染力，将理论知识转化为价值认同。

（二）不足与改进

互动形式虽激发学生很大兴趣，但实施时间不充分，部分兴趣强烈的学生得不到参与的机会。将学生参与感强烈的互动环节设置为一次课外主题实践活动，可利用周末等不受限的时间段进行，使每个学生在活动中参与感更强。

与宪法同行

大连瓦房店师范学校　姜禄禄

一、课程基本信息

主讲课程： 幼儿教育法规与政策

使用教材版本： 复旦大学出版社（2021版）

教材章节出处： 《幼儿教育法规与政策》第一章第五节《法的渊源》

二、教学设计概述

本教学设计旨在引导学生深入理解宪法的精神内涵，树立宪法意识，尊崇宪法，维护宪法。在教学过程中通过多种教学方法，如案例重现、小组讨论、互动问答等，激发学生的主动性和参与性，培养其独立思考和解决问题的能力，同时，注重理论与实践相结合，使学生在掌握宪法理论知识的基础上，提高宪法实践应用能力。

本教学设计以构建主义学习理论、认知发展理论和社会互动理论为指导。构建主义学习理论认为，学习是学习者主动构建知识的过程，教学设计应关注学习者的主动性、社会性和情境性。认知发展理论强调认知过程的发展性，教学设计应遵循学生认知发展的规律和特点。社会互动理论认为，学习是在社会互动中进行的，教学设计应关注师生，生生之间的交流与合作。

三、学情分析

（一）思想特点

中职学生处于青春期，他们的思想活跃，对社会问题敏感，对国家大事充满热情。他们开始形成自己的价值观和世界观,对宪法及其背后的理念有了更深的理解和认同。

(二)知识储备

中职学生经过多年的学习已经具备了一定的法律基础知识。他们对宪法的基本概念和原则有所了解,但还需要进一步深化和拓展。

(三)能力水平

中职学生具备较强的思维能力、分析能力和解决问题的能力,他们能够从多个角度思考问题,理解复杂的法律条文和原则。

(四)学情

学生对于宪法的学习态度和接受程度因个人背景、兴趣等因素而异,有的学生对宪法产生了浓厚的兴趣,主动学习,深入理解;有的学生则觉得宪法抽象难懂,需要教师引导和帮助。

综上所述,教师在教授宪法课程时,应充分考虑学生的思想特点、知识储备、能力水平及学情,采用适合学生的教学方法,引导学生深入理解宪法精神。

四、教学目标

(一)知识目标

掌握宪法的基本原则和核心条款、理解宪法在国家政治生活中的地位和作用、了解宪法与其他法律的关系。

(二)能力目标

能够运用宪法知识分析现实生活中的案例、培养批判性思维,能够对宪法条文进行解读和评价、培养实际操作能力,如模拟立法,司法审判等。

(三)情感、态度与价值观目标

增强对宪法的认同感和敬畏感,树立宪法至上的观念、培养法律意识和公民责任感、理解宪法在保障公民权利中的作用,增强社会责任感。

通过学习宪法,增强对党和国家方针政策的理解和认同,树立国家意识、法治意识;正确行使公民权利,尊重和维护法律权威,形成守法意识、公共参与；积极参与社会公共事务，培养公民责任感和参与能力。

五、教学重点难点

（一）教学重点

1. 宪法基本知识：帮助学生掌握宪法的基本原则、结构和历史背景，理解宪法的最高法律地位和法律效力。

2. 宪法权利与义务：引导学生了解公民的基本权利和义务，理解宪法对个人自由的保障以及权利的界限。

3. 国家基本制度：让学生熟悉国家的基本政治、经济、文化制度，理解国家机构的设置和职权。

4. 政治参与与民主法治：培养学生参与政治生活的能力，了解民主选举、民主决策、民主管理和民主监督的程序和意义。

5. 宪法实施与监督：讲解宪法实施的重要性，以及宪法监督的机制和程序，引导学生关注宪法实践。

（二）教学难点

宪法条文的理解：宪法条文有一些较为抽象复杂，学生可能难以理解和掌握其中的法律原理和实践操作。

在教学中需要注重案例分析和实践操作，帮助学生更好地理解和掌握宪法的原理和实践。

六、教学设计总体思路

针对中职生的认知特点，旨在培养学生的宪法意识和公民素养，通过系统地介绍宪法的原则、公民的基本权利和义务等内容，引导学生深入理解宪法的重要性，培养其遵守宪法、维护宪法权威的意识。

中职生的认知能力已经发展到一定水平，对抽象概念和理论有较好的理解能力。因此，本节课程的设计注重引导学生深入思考和探究，通过案例分析、情景模拟、角色扮演等，引导学生积极参与课堂活动，提高其学习兴趣和主动性。同时，注重理论与实践相结合，通过模拟法庭、宪法知识竞赛等活动，增强学生对宪法的实际应用能力，增强宪法意识，国家意识。同时灵活运用信息化手段辅助教学：多媒体课件、在线学习平台，提高课堂互动性和学习效果。此外，合理利用信息化手段拓展学习资源，为学生提供更加丰富的学习材料和实践机会。

七、教学过程

（一）教学流程设计

环节一：情景剧展示

教师活动：根据之前在学习平台发布的任务，让学生自主通过手机等电子设备查询与维护宪法相关的真实案例或改编，以小组为单位进行情景剧展示。

学生活动：以小组方式进行与违宪或维护宪法相关的情景剧展示。其余组同学进行观看和评分。

设计意图：通过学习平台发布学习任务，让学生利用手机等电子设备提前查询宪法相关知识与维护宪法的真实案例，以小组方式进行情景剧展示，进行评比。这样能够提高学生课堂参与的积极性和主动性。并且通过情景剧的编排可以让学生对于宪法有更深的了解和理解，增强学生的宪法意识。

环节二：导入

教师活动：

1. 导入：总结各小组情景剧展示情况，予以表扬。

2. 现代社会是法治社会，随着社会的进步和法制建设的逐渐完善，人们的生活与法律息息相关。学法、守法、用法成为社会的一种风尚，学习法律是社会进步对个人外在的要求。不懂法、不学法的人在现今社会将寸步难行。法制精神又是现代人的一种内在修养。遵纪守法是每个公民的义务，遵纪守法是保护每个人个人利益的保障。在各种现行法律中，宪法是我国的根本大法，宪法是普通法律的立法基础立法依据，维护宪法尊严，坚决遵守宪法是每一个中国公民应该做到的。那宪法是什么，宪法和普通法律有什么样的区别呢？今天我们一起来认识和了解国家的根本大法《中华人民共和国宪法》。

3. 向学生提问对宪法的了解和认识。

学生活动：

1. 对各小组学生的展示进行点评。

2. 谈一谈对宪法的了解和认知。

3. 小组讨论。

设计意图：肯定学生在课前做出的积极准备，同时让学生阐述通过查询和自己对于宪法的作用、性质等方面的理解认知，为理解接下来教师讲解的内容做好铺垫，使其能够更好地理解和运用。

环节三：讲授

教师活动：

1. 什么是宪法

"宪法"一词，来源于拉丁文 constitution，本是组织、确立的意思。古罗马帝国用它来表示帝王的"诏令""谕旨"，以区别于市民会议通过的法律文件。欧洲"封建"时代用它表示在日常立法中对国家制度的基本原则的确认，含有组织法的意思。

英国在中世纪时期建立了代议制度，确立了国王没有得到议会（代议机关）同意就不得征税和进行其他立法的原则。后来代议制度普及于欧美各国，人们就把规定代议制度的法律称为宪法，指确认立宪政体的法律。

"宪""宪令""宪法"等词在中国古代典籍中与"法"同义，日本古代"宪"也指法令、制度，都与现代"宪法"一词含义不同。

1898年，中国戊戌变法时，以康有为为首的维新派要求清廷制定宪法，实行日本式的君主立宪。1908年中国清政府颁布以1889年《大日本帝国宪法》为蓝本的《钦定宪法大纲》，从此"宪法"一词在中国就成为国家根本法的专用词。

中国的第一部宪法性文件是1908年清政府颁布的《钦定宪法大纲》，由宪政编查馆参照1889年《大日本帝国宪法》制定，内容上由"君上大权"和"臣民权利义务"两个部分组成。

宪法作为一个法的部门，也叫宪法法或国家法，是规定国家根本制度和根本任务、集中表现各种政治力量对比关系、保障公民的基本权利和自由的国家根本法。

2. 宪法的特征

（1）在规定的内容上

宪法规定的是国家制度和社会制度的最基本的原则，公民的基本权利和义务、国家机构的组织及其活动的原则等。

（2）在法律效力上

宪法具有最高的法律效力。

宪法是根本大法，是普通法律立法的最高原则。

普通法律不得和宪法相抵触，否则被视为无效。

（3）在制定和修改的程序上

宪法制定和修改比普通法律更为严格。

制定：

宪法：由国家成立专门委员会起草，提交全国人民代表大会通过。

普通法律：由全国人大或其常委会制定。

修改：

宪法：全国人大常委会或五分之一以上的全国人大代表提出议案，并由全国人大以全体代表的三分之二以上的多数（绝对多数）通过。

普通法律：全国人大主席团、30名以上的全国人大代表就可以提出法律修正案，由全国人大以全体代表的过半数（相对多数）通过。

3. 宪法的性质

（1）宪法规定国家生活中最根本的问题。

国家的性质：中华人民共和国是工人阶级领导的、以工农联盟为基础的人民民主专政的社会主义国家。

根本制度：社会主义制度。

根本任务：沿着中国特色社会主义道路，集中力量进行社会主义现代化建设。

人民代表大会制度，国家的基本经济制度，公民的基本权利和义务，国家机关的组织和职能，国家标志等国家生活中根本问题。

（2）宪法具有最高的法律地位和法律效力。

（3）宪法制定和修改的程序比普通法律更为严格。

4. 我国宪法的发展

1949年10月中华人民共和国成立后，第一届、第四届和第五届全国人民代表大会分别于1954年9月、1975年1月、1978年3月和1982年12月先后制定、颁布了四部《中华人民共和国宪法》。

第一部：1954年9月20日第一届全国人民代表大会第一次会议通过、颁布了《中华人民共和国宪法》。这是中华人民共和国的第一部宪法，是在对新中国成立前夕由全国政协制定的起临时宪法作用的《共同纲领》进行修改的基础上制定的。宪法以中国共产党提出的"党在过渡时期的总路线"作为国家的总任务，并把党所创建的基本制度和党所制定的基本方针和重要政策予以宪法化、条文化，为我国后来的民主建设与制度建设奠定了基础。

第二部：1975年1月17日第四届全国人大第一次会议通过、颁布了中华人民共和国第二部宪法。这部宪法诞生于"文化大革命"后期，是在"左"的思想指导下形成的，以"四个存在""阶级斗争必须年年讲，月月讲，天天讲"的"基本路线"以及"无产阶级专政下继续革命学说"为理论指导，是一部在特殊时期产生的宪法。

第三部：1978年3月5日第五届全国人大第一次会议通过、颁布了中华人民共和国第三部宪法。这部宪法把中国共产党第十一次全国代表大会规定的全国人民在新时期的总任务"坚持无产阶级专政下的继续革命，开展阶级斗争、生产斗争和科学实验三大革命运动，在本世纪内把中国建设成为农业、工业、国防和科学技术现代化的伟大的社会主义强国。"用法律的形式肯定下来，记载在序言中。这部宪法相比1975年宪法有了重大变化，但仍然存在许多缺陷，它肯定了"文化大革命"的成果和"无产阶级专政下继续革命"的理论。

第四部：1980年下半年，在叶剑英委员长直接主持下，我国开始对宪法进行大规模、全局性的修订。经过两年多的讨论、修改,并经过全民讨论,1982年12月4日,中华人民共和国第四部宪法在第五届全国人大第五次会议上正式通过并颁布。第四部宪法继承和发展了1954年宪法的基本原则,总结了中国社会主义发展的经验,并吸收了国际经验,是一部有中国特色、适应中国社会主义现代化建设需要的根本大法。它明确规定了中华人民共和国的政治制度、经济制度、公民的权利和义务、国家机构的设置和职责范围、今后国家的根本任务等。其根本特点是规定了我国的根本制度和根本任务,确定了四项基本原则和改革开放的基本方针。它规定,全国各族人民和一切组织,都必须以宪法为根本的活动准则,任何组织或个人都不得有超越宪法和法律的特权。这部宪法分为序言和总纲,公民的基本权利和义务,国家机构,国旗、国歌、国徽、首都四个部分,共4章138条。

5. 我国宪法的修缮

为了适应中国经济和社会的发展变化,全国人大分别于1988年4月、1993年3月、1999年3月、2004年3月对这部宪法逐步进行了修改、完善。

1988年4月12日,第七届全国人大一次会议通过的宪法修正案,对私营经济的地位、作用和国家对私营经济政策作了明确规定;对土地使用转让的问题作了补充规定。这是中国第一次采用宪法修正案的形式修改宪法。

1993年3月29日,第八届全国人大第一次会议通过的宪法修正案,对原宪法作了9处修改,将"社会主义初级阶段""建设有中国特色的社会主义的理论""坚持改革开放""中国共产党领导的多党合作和政治协商制度"等写入了宪法;将"国营经济"修改为"国有经济";将"国家在社会主义公有制基础上实行计划经济"修改为"国家实行社会主义市场经济"。修正案内容还涉及政协制度、县市级人民代表大会任期等。

1999年3月15日,第九届全国人大二次会议再次通过宪法修正案,对原宪法作了6处修改,把邓小平理论的指导思想地位、依法治国的基本方略、国家现阶段的基本经济制度和分配制度与非公有制经济的重要作用等写进了宪法。

2004年3月14日,第十届全国人大二次会议通过宪法修正案,对原宪法作了修改。宪法修正案确立"三个代表"重要思想在国家政治和社会生活中的指导地位，增加推动物质文明、政治文明和精神文明协调发展的内容，在统一战线的表述中增加社会主义事业的建设者，完善土地征用制度，进一步明确国家对发展非公有制经济的方针，完善对私有财产保护的规定，增加建立健全社会保障制度的规定，增加尊重和保障人权的规定，完善全国人民代表大会组成的规定，作出关于紧急状态的规定，规定国家主席进行国事活动的职权，修改乡镇政权任期的规定，增加对国歌的规定等。

2018年3月11日，十三届全国人大一次会议通过了宪法修正案，与时俱进地体现了党的主张、国家意志和人民意愿的有机统一，就新时代如何坚持和发展中国特色社会主义、实现"两个一百年"奋斗目标和中华民族伟大复兴中国梦，以根本法的形式给出了答案。

6. 法律小常识

（1）法律的调整对象是？

法律的调整对象是人的行为或者社会关系。法律是针对人们的行为，而不是未予以外化的某种观念或者思想。

（2）国家意志的表达主体？

权力机关：人民代表大会及其常务委员会。

（3）国家创制法律的方式为两种：制定与认可。

（4）何为权利、义务？法律为什么要确定以权利与义务的内容？

权利实质上是获得利益的一种资格，义务是一种满足利益实现的负担。

国家通过法律对利益的分配来达到调控人们行为的目的，从而来规范整个社会的秩序，维护国家的统治秩序。

（5）法律实施的保障：法院、军队、警察。

学生活动：

1. 理解领悟所讲内容。

2. 小组讨论。

3. 分析案例。

4. 抢答法律小常识。

5. 优秀小组评选。

（二）课堂小结

掌握宪法法律知识、树立宪法法律意识、养成遵法守法习惯、维护宪法、运用宪法，成为宪法的忠实崇尚者、自觉遵守者、坚定捍卫者、宣讲者、实践者、维护者，让尊宪守法成为全民的自觉行动。知宪法于心，守宪法于行。

（三）作业设计

选择一个宪法案例进行深入分析，写一份分析论文：

1. 选择一个近年来发生的案例，如孙志刚案等。

2. 分析案例的背景、过程和结果，以及涉及的宪法原则和条款。

3. 分析案例中存在的问题和争议，并提出自己的看法和建议。

4. 阐述由此产生的对于公民在宪法实践中的权利和义务。

（四）参考资料

[1] 吴家清、邓世豹、杜承铭：《宪法学新论》，吉林人民出版社，2001年。

[2] 周叶中：《宪法》，高等教育出版社，2016年。

八、教学总结与反思

中职生的宪法课程，目标不仅是传授系统的知识，更重要的是培养学生的法治观念。本节课内容较为丰富、深入浅出。从宪法的性质到宪法的发展的详细讲述，每一个地方都会对学生宪法意识的培养有深刻的影响。

课堂上，通过对实际案例的重现与教师对宪法系统的讲授，学生们逐渐明白宪法在日常生活中的重要性。而在课堂之外，教师也鼓励学生多做研究调查，深思实际案例，去真正理解宪法的精神。

然而，教学过程中也存在一些不足。例如部分内容对于学生来说较为抽象，理解起来稍有难度。因此，在后续的教学中，会更加注重理论与实践的结合，让学生们更能直观地感受宪法的魅力；不断完善教学方法，使学生更加深入理解宪法的价值与意义，做到与法同行。

守护和谐校园之美

丹东市中等职业技术专业学校　张莉莉

一、课程基本信息

主讲课程： 心理健康与职业生涯

使用教材版本： 高等教育出版社（2023版）

教材章节出处： 中等职业学校《思想政治》基础模块《心理健康与职业生涯》第三单元《和谐交往快乐生活》第十课《和谐校园共同维护》

二、教学设计概述

《守护和谐校园之美》一课出自高等教育出版社出版的中等职业学校国家规划教材《思想政治》基础模块《心理健康与职业生涯》第三单元《和谐交往快乐生活》第十课《和谐校园共同维护》。本课程主要以强调构建平安文明和谐的校园环境为导向，引导学生深入理解和谐校园的内涵和重要性，培养学生共同维护和谐校园的意识和责任感。本课将通过"抵制校园欺凌和暴力""筑牢心灵的防火墙"两个教学模块及教材中的"阅读与思考""相关链接""启思导行"为议题创设情境，结合中职学生的个性特点和校园实际生活，通过多样化的教学方法和丰富的教学手段，激发学生的学习兴趣和参与。在教学过程中，注重知识的传授与情感态度价值观的培养相结合，引导学生积极思考、交流与实践，以促进学生对和谐校园理念的内化和行为的转化，为创建美好的校园环境奠定坚实的思想基础。

《守护和谐校园之美》一课将结合党的二十大报告中提出的健全网络综合治理体系，推动形成良好的网络生态，弘扬社会主义法治精神，传承中华优秀传统法律文化，引导全体人民做社会主义法治的忠实崇尚者、自觉遵守者、坚定捍卫者，引导学生增强抵制不良诱惑的免疫力，努力养成遵纪守法的好习惯，从而帮助学生扣好人生第一粒扣子，迈好人生第一个台阶。因此本课在本教材中具有重要的地位，将为后面的《职业道德与法治》一书的学习奠定基础。

三、学情分析

（一）思想特点

中职学生处于青少年的晚期，已经具备了一定的自我控制能力和认知能力。然而，由于缺乏生活经验，法律意识又淡薄，对新鲜事物又充满了好奇心，很容易被校园欺凌和暴力的不和谐现象及不良诱惑吸引，严重者可能出现犯罪情况，从而影响自身的发展。

（二）知识储备

中职学生普遍存在学习基础较差、学习习惯不好、行为习惯不良等问题，但也有一定的潜力和可塑性。他们渴望得到被认可和鼓励，希望通过自己的努力改变现状。

四、教学目标

（一）三维目标

1. 知识与技能

（1）熟知校园欺凌和暴力及不良诱惑的表现和危害，掌握抵制校园欺凌和暴力、抵制不良诱惑的基本方法；

（2）掌握维护自身权益的途径和法律手段，增强自我保护意识；

（3）了解社会公共生活的规则和规范，树立正确的价值观和道德观。

2. 过程与方法

（1）通过头脑风暴、案例分析、分组讨论、合作探究等方式，增强学生的参与意识和团队合作精神；

（2）引导学生通过实践活动，培养独立思考、判断和决策的能力，提高自我调节和自我控制的能力。

3. 情感态度与价值观

（1）树立正确的道德观念和法律意识，增强对社会主义制度的认同感和归属感；

（2）培养公共服务意识和社会责任感，积极参与公共事务和社会公益活动；

（3）引导学生关注校园安全和社会公共安全，增强社会责任感和安全意识。

（二）核心素养

1. 政治认同，通过本课程的教学，帮助学生树立正确的政治立场和价值观，增强对法律意识和法律素养的正确理解，认同社会主义制度和法律制度，自觉遵守和维护社会公共生活规则和规范。

2. 科学精神，学生应该培养独立思考、理性分析和判断的能力，通过实践活动不断提高自己的思维能力水平。

3. 法治意识，树立依法维权和守法的观念，依法正确行使国家赋予每一个公民应有的权利和义务及所应承担的责任。

4. 公共参与，鼓励学生积极参与公共事务和社会公益活动，树立公共服务意识和社会责任感。

（三）叙写角度

针对中职学生抵制校园欺凌和暴力及不良诱惑，新课程标准下的教学目标应为注重培养学生的综合素质和能力，注重实践性和参与性，树立正确的道德观念和法律意识，增强社会责任感和安全意识。

（四）针对学段

本课程教学主要针对的是中职一年级的学生，通过让学生增强法治观念，了解相关法律法规；开展心理健康教育，对学生进行正确引导；加强环境文化建设；正确引导学生使用网络资源等一系列的常识性教育，帮助学生更好地认识校园欺凌和暴力及不良诱惑的危害性，教育学生要提高自我保护意识和保护能力，营造良好校园环境。

五、教学重点难点

（一）教学重点

1. 正确认识校园欺凌和暴力的危害，懂得拒绝不良诱惑。

2. 学习自我保护的方法和技能，掌握防止校园欺凌暴力和抵制不良诱惑的有效途径。

3. 正确评价自己和他人，养成关注他人的良好习惯。

（二）教学难点

1. 辨别不良诱惑，能做到自觉抵制不良诱惑。

2. 增强法律意识和自我保护意识，提高自我约束的能力。

3. 培养良好的行为习惯，提高自己的道德水平。

六、教学设计总体思路

本节课教学设计以中职学生的个性特点为依据，针对校园欺凌暴力和不良诱惑的问题，从学生实际出发，采用多模式教学方法和信息化教学手段，引导学生树立正确的价值观和道德观，培养良好的行为习惯和心理素质，帮助学生健康成长。

本节课的教学模块分别是抵制校园欺凌暴力和筑牢心灵的防火墙，与此同时将健全的人格、法治意识、公共参与等核心素养融入教育教学过程中，教育学生如何预防和抵制校园欺凌和暴力，如何判断不良行为，如何学会拒绝等相关知识及方法，养成健康良好的生活方式，共同守护和谐美丽的校园。

本节课在教学过程中采用了如下的教学环节：

教师对课前给学生布置的任务中选取有代表性的信息、图片、视频进行整理，通过希沃软件进行播放，让学生进行分析总结，并说明原因，以此创设情境，引发共鸣，开启思维，引入新课；在合作探究、学习新知环节，以教师为主导，学生为主体，通过层层递进的方式，教师提出问题，激发学生的探知欲，引导学生逐步推进、独立思考、深入分析、分组讨论、总结概括出校园欺凌和暴力、不良行为和诱惑都包括哪些、该如何机智应对，同时引导学生学会抵制校园欺凌和暴力，筑牢心灵的防火墙，增强自我保护意识和防范能力，促进个体健康发展，共同营造一个积极、健康、向上、和谐、温馨的校园环境；课后拓展、共同提升环节中让学生思考网络游戏会给我们带来哪些利和弊，我们应该如何对待网络游戏？

七、教学过程

（一）教学流程设计

环节一：课前预习，布置任务

教师活动：结合本课教学内容，给学生布置预习任务，让学生在课前搜集有关校园欺凌和暴力、不良诱惑的相关信息、图片、案例、视频等，并针对搜集到的材料进行思考，如果在自己身上发生类似的事情，应如何应对？

学生活动：按照教师布置的课前预习任务，通过报纸、杂志、网络视频等搜集材料并思考问题。将收集到的信息上传至班级小管家信息平台。

设计意图：体现以学生为主体的教学模式，通过课前布置预习任务的方式，使学生在搜集材料的过程中，自然激发学习兴趣，调动积极性，结合提出的思考问题培养自主探究的能力。

环节二：创境激趣，导入新课

教师活动：将学生搜集到的有代表性的材料进行整理，用希沃软件呈现在学生眼前，同时结合教材第76页阅读与思考，让学生快速回答出课件中所出现的事件和教材中的事件是否属于不良行为，都属于哪类不良行为？

学生活动：观看课件并思考。

设计意图：通过希沃课件展示，快速地把学生的注意力集中到课堂中来，引起学生产生情感共鸣的同时，激发学生对本课题的学习兴趣，开启学生的思维，提高他们对老师提出问题的认识和关注度。

环节三：合作探究，学习新知（一）

教师活动：通过对导入材料的分析，结合教材第77页相关链接，讲授校园欺凌和暴力的概念、特征、表现形式与对受害者的影响，重点讲解校园欺凌和暴力如何界定？如何确定校园欺凌和暴力与同学之间的玩闹、开玩笑、恶作剧之间的区别。

学生活动：学习校园欺凌和暴力的概念、特征、表现形式和对受害者的影响，判断类似问题是否属于校园欺凌和暴力，并说明理由。

设计意图：训练学生的独立判断能力，使学生能够独立判断出校园欺凌和暴力包括哪些，理解校园欺凌和暴力的本质和危害，树立正确的价值观和认知；突出本课教学重点。

环节四：合作探究，学习新知（二）

教师活动：针对刚才学习的校园欺凌和暴力相关知识，组织学生进行分组讨论，让学生就如何抵制校园欺凌和暴力开展讨论，并针对所讨论的问题进行交流和总结，同时思考在实际生活中应该如何规避此类事件的发生，如果发生应如何进行自我保护并求助。

学生活动：听清楚问题后，对教师提出的问题进行分组讨论，总结。

设计意图：通过设疑探究法、分组讨论法、自主合作法，激发学生的思考和表达能力，加深学生对校园欺凌和暴力的深刻认识。

环节五：合作探究，学习新知（三）

教师活动：播放视频《网络欺凌和暴力》案例。让学生在初步了解如何应对校园欺凌和暴力的基础上，通过观看案例思考、分析、研究、讨论、总结应对网络欺凌和暴力的解决途径和方法。

学生活动：观看视频，讨论问题，解决问题。

设计意图：通过案例分析、研究、讨论，激发学生的团队合作意识，培养学生分析问题和解决问题的能力，同时提醒学生增强防范意识，学会自我保护。

环节六：合作探究，学习新知（四）

教师活动：结合校园欺凌和暴力相关知识的学习，思考并回答，我们身边都存在哪些不良行为？哪些属于不良诱惑？（教师把课件切回到导入新课环节提出的问题：不良行为有哪些？）

学生活动：结合校园欺凌和暴力相关知识，思考并回答问题。

设计意图：通过设疑问探究、自主讨论等环节，激发学生的活跃思维。主动参与讨论的学生越来越多，课堂呈现出了放松的状态。此环节的设计，旨在让学生明确不仅仅是校园欺凌和暴力对学生的危害很大，不良诱惑对学生的危害更大，提醒学生树立防范意识。

环节七：合作探究，学习新知（五）

教师活动：结合教材第79页阅读与思考、相关链接、现实案例进行讲解。什么是不良诱惑？不良诱惑都包括哪些？现实生活中不良诱惑隐藏得很深，不易被大家发现，有时会不知不觉地让我们深陷其中，使我们成为它们的"俘虏"。希望同学们能在现实中，擦亮眼睛，尽可能地不去沾染这些不良的行为，坚决抵制不良诱惑。

学生活动：通过对此知识点的学习，同学们发现，其实身边的很多人已经身陷在不良诱惑里面了。

设计意图：本环节旨在让学生全面了解不良诱惑有哪些，具体会产生怎样的危害，哪些不良诱惑是我们已经沾染上的，一旦沾染成瘾会给自身、家庭、社会带来怎样的危害；帮助学生树立法律意识，远离不良诱惑；同时突出本节的教学难点。

环节八：合作探究，学习新知（六）

教师活动：播放案例视频《直播打赏》。随着时代的飞速发展，我们的身边陆陆续续地出现了各种各样的新奇事物，其中直播打赏是时下比较流行的一种网络沟通交流方式。请问同学们直播打赏属不属于不良诱惑？如果属于，会给我们造成什么样的危害？是否允许未成年人直播打赏？为什么？思考，如何正确对待足球网络竞猜？

学生活动：

1. 观看视频，进行思考、分组讨论，总结回答。

2. 在教师引导下学习相关的法律法规。

设计意图：

1. 通过案例视频的观看、思考、分析、讨论，让学生自己总结不良诱惑会给自身带来什么样的危害，充分发挥学生在课堂中的主体作用。

2. 通过案例讲解及书本法条的学习，明确告知学生作为中华人民共和国的一名成员，应该做到知法懂法守法。

环节九：合作探究，学习新知（七）

教师活动：基于对上述案例的分析、讨论、总结，同学们结合教材第80页相关链接，看一下我国刑法明确规定的毒品类不良诱惑包括哪些类及艾滋病是如何通过不良诱惑进行传播的。

学生活动：讨论并回答问题。

设计意图：培养学生分析问题和解决问题的能力，引导学生树立正确的人生观和价值观，使学生自觉把抵制不良诱惑的理论分析能力落实到具体的实际行动中去。

（二）课堂小结

为了体现学生的主体地位，引导学生自己归纳总结，自己反思，自己建构，实现知识的真正内化，鼓励学生将课上所学知识延伸到课外，潜移默化地将理论课堂与实践生活相结合；注重对学生实践能力的培养，让学生通过小组讨论、案例分析、情景模拟等形式，更加深刻地认识到校园欺凌和暴力的危害，学会尊重他人，关爱自己。同时，也使学生认识到了不良诱惑的危害，提高自我保护意识，树立正确的价值观和人生观。

通过本次课程的学习，在教师的引导下学生能够明确自己的责任和义务，积极参与到抵制校园欺凌和暴力、防范不良诱惑的行动中，共同营造一个安全、和谐、健康的校园环境。

（三）板书设计

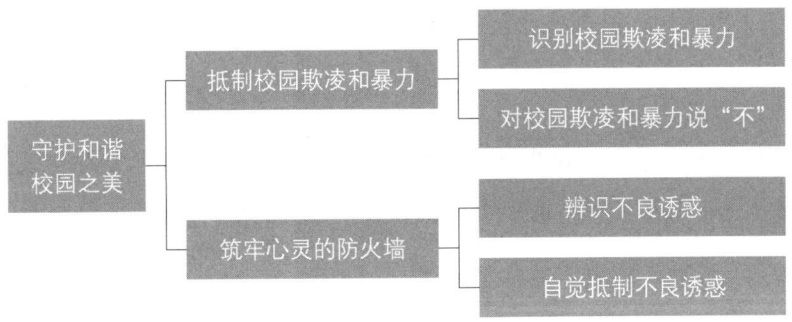

（四）作业设计

1. 反思自己在校园欺凌和暴力事件中的角色，以及如何避免成为欺凌者或施暴者。

2. 观察并记录身边是否存在校园欺凌和暴力现象，思考如何向老师、家长或学校管理人员报告。

3. 思考如何帮助身边的同学抵制不良诱惑，如网络游戏、不良书籍等，并分享自己的经验和建议。

4. 在班级里组织开展一次关于网络游戏是否为不良诱惑的辩论赛。

八、教学总结与反思

《守护和谐校园之美》一课的教学活动，旨在提高学生的道德素质和自我保护意识。通过本课教学，深刻认识到教育不仅仅是传授知识，更重要的是引导学生树立正确的价值观和道德观。

在教学过程中，秉承"以教师为主导，学生为主体"的教学理念，以学生体验为核心，利用现代信息化教学手段，将多种教学方法相结合，创设情境，以问题为导向，逐步递进，引导学生深入了解校园欺凌暴力和不良诱惑的危害，增强学生的自我保护意识。不足之处为部分学生对问题的认识还不够深入，需要进一步加强引导。

应该更加注重学生的实际体验和感受，引导学生从内心深处认识到校园欺凌和暴力及不良诱惑带来的严重危害性。同时，在教学过程中，应逐步探索学校、家庭、社区、互联网等不同教育阵地的协同作用，整合育人资源，形成育人合力，创新育人机制，打造家校社联动的新型育人模式，共同营造一个健康、和谐、安全的校园环境。

本次教学活动取得了较好的效果，但也存在一些不足之处。在今后的教学中，将继续努力，不断提高自己的教学水平，为学生的健康成长贡献自己的力量。

社会主义法律的特征与运行逻辑

大连民族大学 孙 雪

一、课程基本信息

主讲课程：思想道德与法治

使用教材版本：高等教育出版社（2023版）

教材章节出处：《思想道德与法治》第六章《学习法治思想 提升法治素养》第一节《社会主义法律的特征和运行》

二、教学设计概述

本教学设计对应《思想道德与法治》教材中第六章《学习法治思想 提升法治素养》第一节《社会主义法律的特征和运行》的主要内容。通过中西对比、古今对比等理论讲授方式，结合多媒体等数字教学手段，引导学生从高中阶段的常识性"知法"到大学阶段的理论性"懂法"。具体知识点包括：法律及其历史发展、社会主义法律的本质特征和社会主义法律的运行机制。通过介绍中外法制史，帮助学生了解法律是如何产生和发展的；通过对比不同社会制度法律的区别，揭示社会主义法律的内涵；通过引入马锡五审判、民族地区特色审判等具体案例，帮助学生理解中国特色社会主义法律运行机制。位于法治篇开篇章节的这些问题是理解中国特色社会主义法治的首要前提，对大学生的法治教育起到基础性作用。同时，教学结合民族地区法治的相关案例，对培养学生法治思维和铸牢中华民族共同体意识，提升学生运用法律思维解决问题的能力具有重要意义。

三、学情分析

本课程授课对象为本科一年级的学生,学生文理科背景分散,政治课程基础略有不同。

(一)思想特点

"〇〇后"大学生思维较为活跃敏捷,知识接受度高,课堂配合度高,喜欢轻松愉悦的学习氛围、生动实用的学习内容、灵活多变的学习方式,捕捉社会热点问题的能力强,速度快,善于运用自媒体等多种渠道获取知识。

(二)知识储备

经过初高中的学习,大部分学生已经具备一定的法律基础知识和法律意识,能够在社会生活中自觉应用法律解决问题,但是对法学理论缺乏深入系统的理解,不清楚信仰法律背后的原因,法律知识体系尚不完整。

(三)能力水平

作为刚刚迈入校园的大一新生,社会阅历和社会经验尚不丰富,对于生活中的法律现象和法律问题辨别力不够,容易跟风和盲从。因此,本节课围绕社会热点话题启发学生讨论,运用生动、灵活的方式进行理论知识的讲解,进而使学生产生法治认同,潜移默化地提升学生的法治素养。

四、教学目标

(一)知识目标

对标"新课标"提出的"坚持政治性和学理性相统一、价值性和知识性相统一"的要求,通过案例对比中西方法律、中国古代与现代法律、法律与村规民约的不同,理解法律起源这一法学基础理论,深刻理解社会主义法律的含义及发展历史,正确认识社会主义法律的本质特征,正确认识中国特色社会主义法律的发展规律和时代价值。

(二)能力目标

对标"新课标"提出的"理论性和实践性相统一、主导性和主体性相统一"的要求,通过模拟法庭等课堂活动,掌握社会主义法律的运行机制,切实感受立法、司法、执法、守法全过程。教师选取并结合民族法治案例，将铸牢中华民族共同体意识教育融于法治教育，培养学生用法律思维分析和解决问题的能力。

（三）素质目标

对标"新课标"提出的"灌输性和启发性相统一"的要求，通过教师理论讲解和实践教学的结合，树立正确的法治观，培养社会主义法治思维和素养，自觉尊法、学法、守法、用法，依法行使权利与履行义务，不断增强建设社会主义法治国家的责任感和使命感。

五、教学重点难点

（一）教学重点

1. 社会主义法律的含义及历史发展。具体包括法律的起源问题、法律的内涵、其他社会时期法律的特点以及社会主义法律与其他时期法律的不同之处。

2. 我国社会主义法律的本质特征，即我国社会主义法律是党的主张和人民意志的统一、科学性和先进性的统一，是中国特色社会主义建设的重要保障。

3. 我国社会主义法治的运行过程，包括法律制定、法律执行、法律适用和法律遵守。

（二）教学难点

1. 中国特色社会主义法治道路"特"在哪里？为何要走中国特色社会主义法治道路？

2. 我国社会主义法治运行所包含的四个环节具体内容是什么？四个环节之间存在何种关系？如何在每个环节体现法律公平正义的价值追求？

六、教学设计总体思路

教学设计采用线下专题讲授为主、线上自学为辅的线上线下结合的智慧教学模式，遵循"还教于学"的整体思路，以学生为中心，将理论讲授法和互动教学法相结合，教学内容遵循法律是什么—法律为什么—法律怎么运行这一逻辑思路，学习过程包含线上自学、线下共学、课后扩学三个模块。

线上自学（课前准备）：让学生搜集近期发生的社会热点法治案例。在学习通平台发布讨论任务，让学生自行了解案情后讨论"法律是什么？"

线下共学（课程导入）：以"盗窃近亲属财物算不算盗窃罪"为课程导入，引导学生认识法律的含义，"规矩"就是最朴素的"法律"的含义，法律是治国理政最大最重要的规矩。

线下共学（课程讲授）：①法律的起源和发展。通过对比中西方法律的形象化身以及古今不同法律学派的主张，讲解法律定义的多样性；通过分析不同社会发展阶段的法律，推演出法律产生的根本原因与社会主义法律的内涵和独有特征。②我国社会主义法律的本质特征。综合运用案例式教学、讨论式教学、启发式教学等方法进行授课，结合"马锡五审判"、中美死刑制度对比、"移动微法院"平台引领移动电子诉讼发展潮流、公安机关持续深入打击缅北电信网络诈骗犯罪等案例，分析我国社会主义法律的本质特征。③我国社会主义法律的运行机制。通过案情分析、角色划分、法律文书准备、预演、正式开庭等环节模拟刑事、民事、行政审判及仲裁的过程，帮助学生感受法律运行包括立法、执法、司法、守法全过程，沉浸式体验与法治同行。

课后扩学：要求学生完成学习通平台中相关文献和视频案例内容的学习，深化对课堂教学知识的理解；发放学情问卷，了解教学效果，对学生学习成效进行过程性综合评价，并依据学习效果及时调整教学计划。

七、教学过程

（一）教学流程设计

环节一：课前准备

教师活动：

1.【问卷发放】通过学习通平台发放学情调查问卷，主要了解学生的法律意识和法治认同程度。

2.【共享网络资料】在了解学情的基础上，筛选近期发生的社会热点法治案件，通过线上学习平台发放给学生，供学生课前预习，并使其思考法律是什么？

学生活动：

1. 完成线上学习问卷。

2. 阅读教师布置的参考案例。

3. 搜集资料，做好参与课堂讨论等教学活动的准备。

设计意图：全面掌握学情，了解学生在初高中阶段的法律基础，激发学生探究法律世界的兴趣，完成线下学习的准备工作。

环节二：导入新课

教师活动：【线上讨论】通过学习通组织学生就"盗窃近亲属财物是否算盗窃罪"这一案例展开讨论，导入"法律是什么"的授课内容。

学生活动：参与线上讨论，积极发表自己的观点看法。

设计意图：考察学生课前学习效果，导入本次授课内容。

环节三：讲授新课①法律的起源和发展

教师活动：

1.【理论讲解】介绍不同学派关于法律起源的不同学说，包括"神创说""暴力说""契约说"等。【铸牢中华民族共同体意识案例融入——"獬豸冠"由来】先秦到明清，"獬豸"形象被当成监察、审计和司法官员廉明正直、执法公正的象征，在各种场合被经常使用并作为监察御史和司法官员等的重要标志。春秋战国时，楚王仿照獬豸的形象制成衣冠。秦朝时正式赐给御史作为饰志，后遂称"獬豸冠"。獬豸形象是古代神话、传统法制文化与古代装饰艺术相融合的产物。獬豸形象中蕴含着中华民族的正义诉求，涵养着法律文化的"根"，折射出深层次的民族审美心理。

2.【学习通互动提问】结合不同学派学说，你认为法律产生的原因是什么？

3.【教师答疑】揭示马克思关于法律产生原因的论述。马克思认为在民主制中，国家制度、法律、国家本身，都只是人民的自我规定和人民的特定内容。产生法律的原因有很多，根源在于经济发展。由于生产力的发展带来社会分工，进而产生了产品交换，私有制的产生为法律的产生创造了条件。

学生活动：

1. 参与学习讨论活动。

2. 深入思考法律产生的根本原因。

教师活动：

1.【法谚图文讲解】

（1）以牙还牙，以眼还眼。

（2）普天之下莫非王土，率土之滨莫非王臣。

（3）风能进，雨能进，国王不能进。

2.【学习通互动】这三句法谚分别描述的是什么社会发展时期的法律？他们与社会主义法律有何不同？

3.【教师答疑】根据社会发展的不同阶段，法律也经历了奴隶制法律—封建制法律—资本主义法律—社会主义法律时期。社会主义法律同其他法律根本不同的地方在于，它是以实现人民共同富裕、实现普遍意义上的平等和自由为历史目标而制定的。它力求打破因为生产资料占有不公，而导致的实际权力难以公平享有的现象。它是人类历史上唯一以公有制为基础的新型法律制度，是最广大人民群众意志的集中体现，是实现人民当家作主、实现人民民主专政的重要保证。反映了社会主义生产关系的本质要求，为实现普遍意义的平等、自由奠定了坚实基础。中华人民共和国成立以来的法律属于社会主义法律。

学生活动：

1. 参与学习讨论活动。

2. 深入思考这三句法谚分别描述的是什么社会发展时期的法律？他们与社会主义法律有何不同？

环节四：讲授新课②社会主义法律的本质特征——社会主义法律的阶级性与人民性

教师活动：

1.【案例分析——刘巧儿告状】马锡五审判方式是抗日战争时期在陕甘宁边区实行的一套便利人民群众的审判制度。由陕甘宁边区陇东分区专员兼边区高等法院分庭庭长马锡五首创。主要特点：①深入群众，调查研究，实事求是；②手续简单，不拘形式，方便人民；③审判与调解相结合；④采用座谈式而非坐堂式审判。这种审判方式，既坚持原则，又方便群众，维护了群众的根本利益，在人民司法审判史上产生了重要的影响。

2.【课堂提问】马锡五审判体现了社会主义法律的什么特征？

3.【教师答疑】体现了我国社会主义法律既具有鲜明的阶级性，又具有广泛的人民性；体现了阶级性与人民性的统一。

学生活动：

1. 参与学习讨论活动。

2. 深入思考每个案例背后体现的社会主义法律的本质特征。

环节五：讲授新课③我国社会主义法律的运行

教师活动：

1. 法律制定：

【视频资源——《中华人民共和国民法典》诞生】民法典是新中国历史上首个以"法典"命名的法律，具有中国特色，体现时代特点，反映人民意愿，回应经济社会生活新情况、新问题，有利于全面加强对人民群众各项民事权利的保护，助推中国特色社会主义法律体系更加成熟完善。

2. 法律执行：

【图文介绍】草原行政执法人员对偷挖中药材的行为现场执法。

3. 法律适用：

【翻转课堂设计】分组分角色进行"模拟法庭"体验，通过案情分析、角色划分、法律文书准备、预演、正式开庭等环节模拟刑事、民事、行政审判及仲裁的过程。

【铸牢中华民族共同体意识案例融入——以司法力量筑牢民族团结法治基石"金山脚下牧羊人"】连绵起伏的阿尔泰山之下，古老的牧道曲折蜿蜒，牧道上成群的牛羊朝着同一个方向行进。悠远的群山、幽密的树林、青青的牧草，一起见证着牧民开始了秋季转场。为了给转场途中的牧民提供便捷高效的司法服务，阿拉哈克人民法庭有一半的工作日都在巡回办案的路上。"随时、随地、随行"，将庭审现场设在牧道途中，开庭开到转场牧民毡房旁，这种"牧道法庭"办案模式，大大方便了牧民就地诉讼解纷。

4. 法律遵守：

【铸牢中华民族共同体意识案例融入——破坏民族团结被追究刑事责任】2015年12月，被告人李某创建QQ群，并在网上拉拢了80多名网友加入该QQ群，在群内多次发布仇视煽动民族的言论以及探讨如何袭击、煽动群成员的民族仇恨情绪，还购买了管制刀具及仿真枪，煽动群友开展袭击。后李某被陕西省某地法院认定因犯煽动民族仇恨、民族歧视罪判处有期徒刑三年。

【知识拓展】我国相关法律法规中，是如何认定"破坏民族团结"的行为？民族团结的含义是各民族之间的团结和各民族内部的团结，破坏民族团结指的是通过各种手段破坏民族团结，比如煽动民族仇恨、民族歧视，出版歧视、侮辱少数民族作品，侵犯少数民族风俗习惯。

学生活动：分成小组参与翻转课堂模拟法庭活动。分为三组，针对教师提供的刑事、民事、行政三个案件，自由讨论20分钟，模拟案件中的角色进行初步展示，以便熟悉审判流程。

教师活动：法律的运行是一个从创制、实施到实现的过程，这个过程包括法律制定、法律执行、法律适用、法律遵守等环节。

学生活动：参与讨论活动。

(二) 课堂小结

1. 法律是由国家制定或认可并以国家强制力保证实施的，反映由特定社会物质生活条件所决定的统治阶级意志的规范体系。

2. 我国社会主义法律体现了党的主张和人民意志的统一，具有科学性和先进性，是中国特色社会主义建设的重要保障。

3. 法律的运行是一个从创制、实施到实现的过程，这个过程包括法律制定、法律执行、法律适用、法律遵守等环节。

（三）板书设计

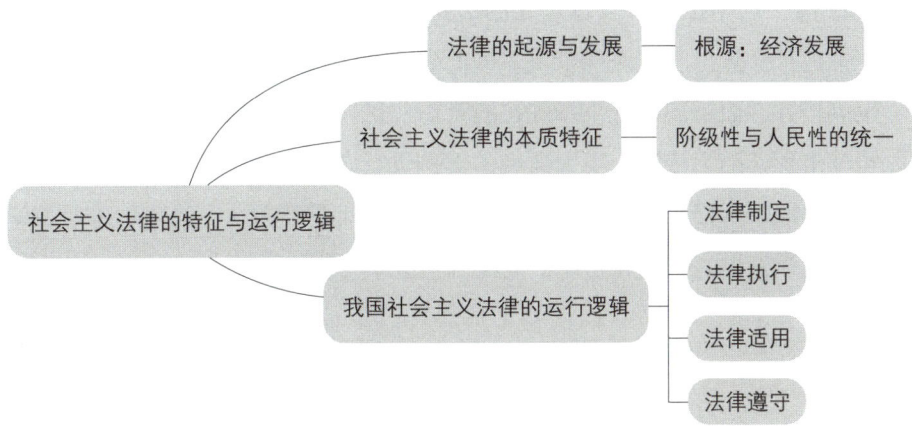

（四）作业设计

以小组为单位进行一次普法宣传或参观一次线上线下庭审，将心得体会上传至学习通平台，下次课选取代表分享所学所感。

（五）参考资料

［1］习近平：《坚定不移走中国特色社会主义法治道路，为全面建设社会主义现代化国家提供有力法治保障》，《求是》2021年第5期。

［2］习近平：《坚持走中国特色社会主义法治道路，更好推进中国特色社会主义法治体系建设》，《求是》2022年第4期。

［3］习近平：《习近平谈治国理政》，外文出版社，2018年。

［4］习近平：《习近平谈治国理政》第三卷，外文出版社，2020年。

［5］张明楷：《刑法格言的展开》，北京大学出版社，2013年。

［6］罗翔：《法治的细节》，云南出版集团，2021年。

八、教学总结与反思

1. 本节课整体教学节奏适中，内容安排详略得当，基本实现知识、能力、素质三个维度的教学目标。根据新课标的要求，教师应当由传统的知识传授者转变为课堂的组织者和学生学习活动的引导者。本节课通过互动讨论和翻转课堂等活动形式，充分发挥学生的主体地位，让学生充分理解社会主义法治的本质特征和运行机制，基本取得预期的教学效果。

2. 由于大学生通常具备一定的法律基础且思维活跃，信息接收渠道广泛，捕捉社会热点问题速度较快，因此本次教学活动在案例内容设计和激发学生兴趣等方面还需要进一步优化提升。应优化问题链条形成问题闭环，选取与学生生活更为接近、更为典型的案例进行知识讲解；继续更新教学互动设计，获取学生精准反馈，将课堂活动纳入平时成绩考核，收集学生对教学过程和教学效果的意见和建议，据此调整教学安排。

法治之本　宪法至上

辽宁工业大学　蒋海彬

一、课程基本信息

主讲课程： 思想道德与法治

使用教材版本： 高等教育出版社（2023版）

教材章节出处：《思想道德与法治》第六章《学习法治思想 提升法治素养》 第三节《维护宪法权威》

二、教学设计概述

本次授课共分为三个教学内容，每个教学内容以问题形式给出，分别为："我国的宪法是如何形成和发展的？""为什么说宪法是我国的根本大法？""宪法的权威应该如何维护？"三个教学内容设计思路如下：

第一个教学内容以问题切入，在学习通中设置问题：国家宪法日是哪一天？为什么要设立国家宪法日？引发学生好奇，让学生带着问题观看相关视频《中国公民的一生》，思考问题，从而实现对学生进行宪法教育。引导学生了解中华人民共和国宪法的历史和形成过程与我国现行宪法的修改过程和内容，总结我们党领导宪法建设史的历史经验，深化大学生对法治中国历程的认知。

第二个教学内容采取"教师理论讲授+学生案例讨论"的模式。首先，教师讲授宪法的地位和确立的基本原则，深化学生对我国宪法地位的理解，对人民代表大会制度进行拓展，引导学生明确我国的人大制度是人类政治制度史上的伟大创造。通过本教学内容，可以引导大学生深刻理解坚持和完善党的领导的宪法依据和时代价值，尤其是国家发展阶段、经济发展水平、文化传统、社会结构不同，所面临的人权发展任务和应采取的人权保障方式也会有所不同，应当尊重人权发展道路的多样性。通过第二个教学内容的讲解，可以使学生认识到人权是一定历史条件下的产物，也会随着历史条件的发展而发展。

教师讲解案例《背着国徽去开庭》，引发学生思考"宪法的生命在于实施，宪法的权威也在于实施"的意义。从坚持依宪执政、坚持依法立法、坚持严格执法三方面讲清只要切实尊重和有效实施宪法，党和国家事业就能顺利发展；反过来，如果国家的宪法受到漠视、削弱甚至破坏，党和国家事业就会遭受挫折，前途命运就失去希望。因此，我们要采取更加有力的措施，加强宪法实施与监督。

三、学情分析

总结多年对本授课内容的教学经验和大学本科阶段学生思想特点和认知水平，做如下三个方面的学情分析：

（一）思想特点

大学本科学生在日常生活中，对宪法的权威和宪法基本知识有一定的思想认识；在高中阶段已经学习过相关的政治课程，对宪法和法律知识有一定的理性认知，但对于宪法的修改、地位、监督等问题的理解还比较模糊。

（二）知识储备

大学生在树立维护个人权益、规则意识的基础上，对学习宪法法律知识有一定的积极性和主动性，但是在宪法的基本原则以及如何加强宪法实施和监督上，还存在政治理论水平不高的问题。本教学能够帮助学生从理论高度及实践深度去认清并维护宪法权威、树立宪法至上、巩固法治之本，进一步增强并加深对习近平法治思想的深化。

（三）能力水平

多数大学生已经通过志愿服务、社会实践等渠道接触社会，有一定的社会实践经验，但对于宪法权威的理解和在实践中的应用通常较为缺乏，需要通过案例分析和实践活动进行深入理解和应用。

（四）对本课所学内容的学情

学生对宪法基本原则的理论抽象及其准确性把握不深刻。大学生通常对于社会法律问题、法律案件、依法办事等方面有着浓厚的兴趣，但存在宪法和法律理论知识较为抽象、枯燥的认识，需要通过问题设置、案例教学、课堂讨论等形式激发学生兴趣，吸引学生将时间和精力投入到课堂教学中来，积极、主动地学习课堂知识，从而提升教学效果；并积极主动地将课堂学到的知识运用到现实社会中去，提升学生的法治思维能力，使其形成法治思维习惯，依法依规在社会中从事各项活动。

四、教学目标

本科《思想道德与法治》教学是在学生具有一定先在结构基础上进行的，确定恰当、符合大学生知识、性格、情趣、情感特点的教学目标，对于提升教学效果、聚焦教学目标、实现立德树人的根本任务具有重要意义。本授课题目包含知识目标、能力目标、素质目标如下：

（一）知识目标

1. 理解宪法是我国的根本法。理解宪法是我国的根本法，是学生学习本课程的前提性条件。在此基础上，才能理解"坚持依法治国首先要依宪治国""维护宪法权威""捍卫宪法尊严""保证宪法实施"等后续的知识和内容；才能深入细致地学习宪法产生的来龙去脉，了解我国宪法的历史演变过程，包括不同时期的主要宪法事件和重要修订内容，为后续的学习奠定基础。

2. 掌握宪法的地位和基本原则。通过课堂案例、理论讲解和比较方法，体会我国的宪法在法律体系中所处的重要地位和作用，领会宪法所体现的基本原则，从而深入理解我国宪法实现了党的主张和人民意志的高度统一。

3. 了解维护宪法权威的手段和途径。通过课堂讲授、自主学习、课堂讨论、典型案例分析等手段，学习宪法实施和监督的基本知识；了解现实社会中，宪法实施过程中可能面临的各种问题和困境，掌握加强宪法实施和监督的具体方法和途径，为进入社会、积极参与法治建设提供理论支撑。

（二）能力目标

1. 培养法治思维能力。在教学过程中，培养学生法治思维能力，使其遇到社会问题能利用法律手段有效解决。通过教学中的案例，以沉浸式的反思形式，教育学生学会自主用法治思维思考问题、分析问题、解决问题。

2. 培养学生担当能力。通过本课程教学，使学生理解维护宪法尊严的意义，履行保障宪法实施的公民职责，培养学生担当能力，培养有理想、有本领、有担当的，堪当民族复兴大任的时代新人。

3. 培养学生斗争能力。通过本课程的教学，使学生在理解宪法地位、修改、权威、原则、监督等基本知识的基础上，培养斗争意识和斗争本领，坚决与各种破坏宪法权威的行为和倾向作斗争，维护宪法权威。

（三）素质目标

1. 培养学生法治素质。通过本课程内容的教学，培养学生起码的法治素质，使其树立法治自信，从宪法的发展历程中感受中国法治的进步，坚定走中国特色社会主义法治道路。

2. 培养学生党性修养。通过本课程内容的教学，使学生深刻理解中国共产党在宪法制定和修改过程中所处的地位和作用，坚定不移跟党走、矢志不渝听党话，深刻理解"党政军民学，东西南北中，党是领导一切的"。

五、教学重点难点

（一）教学重点

1. 本教学内容的重点包括以下两点

第一，我国宪法的形成和发展历程。通过讲解，使学生了解我国宪法的历史演变过程，深刻理解现存宪法为什么要经历1988年、1993年、1999年、2004年、2018年修正；领会宪法只有不断适应新形势、新经验、确认新成果，才能具有持久生命力，才能有效发挥作用。

第二，我国宪法的地位。通过本课程的教学，使学生充分理解宪法至上地位主要体现在宪法的作用、效力和内容方面。宪法的地位、权威、效力决定了其具有根本性、全局性、稳定性、长期性，一切法律必须遵守宪法基本原则，不得与宪法相抵触。

2. 重点内容的讲授方法

本授课内容中的重点内容主要以系统讲授为主，结合视频演示、案例教学、启发式问答、探究式教学、利用多媒体、展开课堂讨论等方法，以期达到教学目标。

（二）教学难点

第一，宪法的实施与监督。学生需要掌握加强宪法实施和监督的具体方法和途径，但这涉及宪法监督机制的建立和运行，较为抽象和复杂，需要运用类比手段或典型案例对比手段引导学生深入思考。

第二，宪法权威性。法治权威能否树立起来，关键要看宪法是否有权威。因此，要维护宪法权威，就要以加强宪法实施、完善宪法监督、弘扬宪法精神等方面的合力，共同维护宪法的权威性。

六、教学设计总体思路

本教学设计以本科高等教育学段的学生群体为对象，注重培养学生解决实际问题的能力、社会担当意识。整个教学过程突出学生为中心，采取讨论、展示等方式培养学生责任担当意识，激发学生对知识的兴趣和课堂参与度，引导学生深入理解宪法在社会、个人生活中的权威性。此外，通过小组讨论展示、自主学习和教师讲授与学习通问题发布等信息化手段，全方位、立体化推动教学，使学生乐于接受、肯于钻研、善于担当，不断增强教学效果。

本课程讲授以问题法引入，将案例法、讨论法、理论讲授法等多种方法相结合；在教学过程中，密切关注学生的信息反馈及时调整方法的使用类型。本课程以问题为切入点，通过典型的案例分析，使学生体会到宪法在国家、社会和我们生活中的重要性。讨论后，学生自由发言、教师点评总结，以此培养学生责任担当意识，使其能解释现实社会的法治问题，自觉同损害宪法权威的言行作斗争。

互联网在思政课教学中发挥着越来越重要的作用。本课程充分利用信息化技术，将网络资源利用、网络平台展示、网络平台讨论等技术手段充分运用于教学之中。学生可以借助于网络实现教学互动、知识学习，不仅能够提升关于宪法有关知识的学习效率，也可以及时反馈学习中的问题和误区，使教学效果更突出。教师通过学习通提供关于宪法的学习资源，供学生课后学习和提升，也可以将作业、课后复习、下次课预习内容等，按时发送给学生，促进学习自主学习，强化学生课堂学习成果，为后续的授课打下坚实基础。

七、教学过程

（一）教学流程设计

环节一：课前预习与准备

教师活动：通过学习通平台发布课前学习任务，让学生学习案例、依托学习通互动讨论，为教学活动的开展做好准备。

任务1：学习"宪法的历程"。

任务2：讨论问题"自由不受约束吗？"

任务3：学习观看案例《国徽诞生记》。

学生活动：自行提前分好组，每组5—8人，每一小组推选一名组长，带领组员完成教师布置的课前预习任务，具体任务由抽签决定，预习结束之后选一名同学代表在课堂上进行主题发言。

设计意图：通过提前给学生布置预习任务的方式，让学生带着问题听课，带着思考学习。让学生通过小组学习讨论，达成相互启发，共同成长的目的。

环节二：知识点回顾与复习

教师活动：

1. 对上一讲"坚持全面依法治国"的相关知识点进行回顾与复习。

2. 对课后思考题情况进行简要点评，表扬学习优秀的学生，对不认真、不思考的现象进行批评。

学生活动：

1. 回答上节课作业中的问题；回忆上节知识点。

2. 结合教师讲评，完成没有完成的作业和其他任务。

设计意图：帮助学生保持知识体系的完整性和连贯性，建立起对整章学习内容的全面把握；顺利引出本课程讲授内容。

环节三：课程导入

教师活动：

1. 通过学习通提问："同学们，你们知道国家宪法日是哪一天吗？为什么要设立国家宪法日？"与学生进行互动，通过这两个问题和《中国公民的一生》视频，引导学生认识到宪法不是远在天边，而是与我们每一个人的生活息息相关。

2. 展示学习通回答，补充完善，点评总结，学习通计分。

学生活动：认真思考教师提出的问题。

设计意图：通过问题引发学生思考，引起学生的学习兴趣。学生带着问题学习宪法的地位、制定等教学内容，为后续的教学奠定思想准备。

环节四：讲授教学内容①什么是宪法？

教师活动：

1. 从宪法产生的历史来看，宪法是资产阶级民主革命的结果。法国资产阶级大革命后，于1791年制定了欧洲第一部资产阶级成文宪法，是不成文宪法。美国在独立战争胜利后于1787年制定了资本主义国家的第一个成文宪法，确认了民主共和制；一百年后，美国成为世界最发达的国家，可见宪法在国家发展中起到了最重要的作用。当然，宪法是资产阶级革命的产物，但决不是资产阶级的专利。无产阶级取得国家政权以后，同样需要制定自己的宪法。俄国十月革命胜利后，就制定了人类历史上第一部社会主义宪法——苏俄宪法。新中国成立后，中国也产生了我国历史上第一部社会主义宪法——1954宪法。

2. 播放视频《阿普说宪法》。

3. 用学习通发放问题，让学生参与课堂讨论。互动方式为现场即时发言、学习通平台展示，直观形象，能够引发学生兴趣。讨论内容：宪法在国家发展中的重要作用。

4. 总结讨论互动结果。宪法并非社会主义国家的专利，宪法在国家发展中起到了最重要的作用。

5. 宪法是治国安邦的总章程，是党和人民意志的集中体现，是中国特色社会主义法律体系的核心，在全面依法治国中具有突出地位和重要作用。我国宪法确认了党领导人民取得的辉煌成果，规定了国家政权性质和根本制度，明确了未来发展的根本任务和总目标。

6. 利用学习通平台，组织学生进行课堂讨论，在平台上直观展示学生讨论意见。讨论内容：宪法在国家中的重要地位。

7. 宪法是治国的总章程；我国宪法是制度和法律的总依据。

8. 新中国成立以来颁布过几部宪法？现行宪法是哪一年颁布的？现行宪法历经了几次修正？

9. 总结归纳讨论基本观点，归纳本课程核心内容。

学生活动：

1. 观看视频。

2. 参与讨论。

环节五：讲授教学内容②我国宪法的形成与发展

教师活动：

1. 清朝及民国时期：宪法的初步探索

①1908年清朝政府颁布《钦定宪法大纲》；②1912年《中华民国临时约法》是中国第一部具有资产阶级性质的宪法；③1947年宪法，即《中华民国宪法》，国民党在大陆执政时期颁布。

2. 新民主主义革命阶段：人民宪法的发展

①1931年《中华苏维埃共和国宪法大纲》；②1946年《陕甘宁边区宪法原则》。

3. 新中国成立：中华人民共和国的宪法实践

（1）新中国成立后先后颁布过一个宪法纲领性文件和四部宪法，分别为：1949年《中国人民政治协商会议共同纲领》（虽然不是宪法，但是，在国家未成立之时发挥了临时宪法的作用）和1954年、1975年、1978年、1982年颁布的四部宪法。播放视频《国徽诞生记》。

（2）1954年宪法是中华人民共和国的第一步宪法。它的制定和实施，对巩固社会主义政权和进行社会主义建设发挥了重要保障和推动作用，也为我国现行宪法的制定和完善奠定了基础。

（3）我国现行宪法是1982年颁布的，是在改革开放和社会主义现代化建设新时期，深刻总结我国社会主义建设正反两方面经验，适应我国改革开放和社会主义现代化建设、加强社会主义民主法治建设的新要求背景下制定的。

4. 问题讨论：①现行宪法进行了几次修正？②为什么宪法要不断进行修正？

5. 问题分析：我国现行宪法是在1982年宪法的基础上修正的，历经了1988年、1993年、1999年、2004年、2018年五次修正，这五次修正是宪法紧跟时代前进步伐、不断与时俱进的体现，是我国不断总结成功经验、不断完善的必然结果。引入下一个讲授内容：我国宪法的修正。

学生活动：观看视频《国徽诞生记》，了解《中国人民政治协商会议共同纲领》对国徽、国歌、首都等规定，领会宪法的意义。

环节六：讲授教学内容③我国宪法的地位和基本原则

教师活动：

1. 我国宪法的地位

（1）治国安邦的总章程。在制定和修改的程序上，宪法比其他法律更为严格。

（2）国家各项制度和法律法规的总依据。在效力上，宪法的法律效力最高。

（3）规定了国家的根本制度。在内容上，宪法规定国家生活中最根本最重要的方面。

（4）宪法的生命在于实施，宪法的权威也在于实施。

教学结论：2014年11月1日，十二届全国人大常委会第十一次会议表决通过决定，将12月4日设立为"国家宪法日"。2018年是第五个宪法日，习近平总书记提出，弘扬宪法精神，树立宪法权威，使全体人民都成为社会主义法治的忠实崇尚者、自觉遵守者、坚定捍卫者。

2. 我国宪法的基本原则

（1）党的领导原则

第一，党是中国特色社会主义事业的领导核心；

第二，党的领导是人民当家作主的根本保证；

第三，党的领导是中国特色社会主义最本质特征。

问题分析：中国共产党为什么行？中国特色社会主义法治为什么好？

（2）人民当家作主原则

第一，人民当家作主是社会主义民主制度的本质；

第二，我国宪法体现了人民当家作主的原则；

第三，国家一切权力属于人民。

课堂讨论：人民当家作主具体体现在哪些方面？我国是人民当家作主的社会主义国家，通过宪法确认我国人民民主专政的国体，保障广大人民群众在国家中的主人翁地位；通过宪法确认以公有制为主体，多种所有制经济共同发展的基本经济制度，为人民当家作主奠定了经济基础；通过宪法确认人民代表大会制度的政体，为人民当家作主提供制度保障。

（3）尊重和保障人权原则

第一，宪法保障公民的基本权利和自由，基本权利包括人身权、财产权、社会保障权、受教育权等权利；

第二，宪法保障公民的生存权和发展权；

第三，公民具有宗教信仰、言论出版、集会结社、游行、示威等自由。

课堂讨论：公民可以随时进行游行示威吗？

（4）社会主义法治原则

第一，坚持宪法法律至上；

第二，坚持法律面前人人平等；

第三，推进国家各项工作法治化；

第四，维护社会公平正义、维护社会主义法制的统一、尊严、权威。

抢答问题：每个人的自由不受约束吗？任何人的行为必须在宪法和法律范围内活动，不得损害他人的利益，不得危害社会安全和社会秩序。

（5）民主集中制原则

第一，民主集中制是我国国家组织形式和活动方式的基本原则；

第二，国家权力统一由全国人大和地方各级人大行使；

第三，广大人民共同意志通过民主形式集中起来，通过法律程序上升为国家意志；

第四，国家行政机关、监察机关、审判机关、检察机关由全国人大产生，对人民负责，受人民监督；

第五，中央和地方国际机构职权的划分及其活动，必须遵循在中央统一领导下，充分发挥地方的主动性、积极性原则。

学生活动：

1. 列举人民当家作主具体体现，并在学习通平台中展示。

2. 学习宪法制定、效力、内容的特殊性，思考宪法在国家体系中的重要地位。利用学习通平台，展示我国宪法的地位基本表现。

3. 课前选定的学生利用学习通平台回答问题，回答结束后，教师总结。

环节七：讲授教学内容④加强宪法实施和监督（即如何维护宪法权威？）

教师活动：

1. 加强宪法实施

①国家机关在立法活动中坚持以宪法为依据；②国家机关依法行政、严格执法，维护宪法权威；③国家司法机关依法公正独立行使司法权；④一切团体、组织和个人遵守宪法法律。

2. 完善宪法监督

①完善全国人大及其常委会宪法监督制度；②充分发挥宪法解释作用；③加强备案审查制度和能力建设；④引导社会各个方面积极参与宪法监督。

案例分析：2011年辽宁拉票贿选案。

3. 弘扬宪法精神

（1）设立宪法日。12月4日为宪法日，进行宪法教育、普及、深化，形成尊重宪法、维护宪法权威的社会氛围。

（2）建立宪法宣誓制度。目的在于警示国家工作人员权力来源于宪法，树立宪法法律至上、权由法定、权依法使、权责一致等法治理念。

学生活动：通过学习通发言。思考当危害宪法权威，损害宪法实施的事情发生在自己身边时，我们的心态是什么样的，如何在制度上避免这种情况的再次发生。

设计意图：在讲授宪法知识的基础上，设置大量讨论、抢答、视频观看等环节，激发学生参与热情，最大限度调动学生积极性和主动性，给大多数学生参与锻炼的机会，培养学生法治思维能力、担当能力和斗争能力。激发学生对社会问题和社会不良现象的关注度，培养学生责任担当意识，提高参与更具广度和深度的社会实践的积极性。

环节八：授课内容总结

教师活动：

1. 我国宪法是治国安邦的总章程，规定国家最根本的制度内容。我国的宪法不同于西方宪法，也不同于近代中国曾出现的旧宪法，是为建设社会主义新中国应运而生的，与时俱进地在世界宪法制度史上具有开创性意义的宪法。

2. 宪法在全面依法治国中具有突出地位和作用，必须更加注重发挥宪法的根本法作用。同时宪法原则必须坚持，必须贯彻，不可动摇。

3. 加强宪法实施和监督，只有切实尊重和有效实施宪法，党和国家事业才能更顺利发展。

学生活动：

1. 跟随教师思路回顾本授课内容要点。

2. 整理完善课堂笔记，以备课程考核。

设计意图：总结本节知识要点和整体框架，帮助学生全面了解知识框架，便于学生从整体上把握本课程主要内容。

环节九：课后作业及实践项目

教师活动：

1. 在学习通平台上发布教学课件、课程基本框架，便于学生学习利用。

2. 在学习通平台上发布课后作业和课后实践项目指南。

学生活动：按时完成相应的课后任务，及时复习相关课程内容，根据自身知识及能力状况，选择性完成课后实践项目。

设计意图：通过学习通平台发布本节教学课件、课程基本框架、重点和复习题。教师通过学生答题的情况，了解学生对本节主要知识点的掌握情况，及时在其他班级进行调整，不断提升教学质量和效果。

（二）课堂小结

1. 课程过程总结

（1）在课程前知识点回顾与复习环节，利用学习通平台发布课前学习（宪法的历程）、讨论（自由不受约束吗?）、观看视频（《国徽诞生记》）任务，并统计学生学习时长，收集学生对复习和预习内容的情况反馈，做好重点知识点的进一步解释和说明，在课程讲解过程中有重点地讲深、讲透。

（2）本授课内容较为抽象、基础，不仅涵盖了宪法的形成和发展、宪法的地位和基本原则以及加强宪法实施和监督等内容，而且难点在于宪法的权威性。授课过程中力求将抽象、宏观的知识以直观、形象的形式表达出来。教学过程中使用学习通平台，可以直观评价学生对问题的反馈；及时发放试题进行随堂测试，通过学生答题情况掌握其学习效果，以便在下次课程中对学生的学习问题进行有针对性的讲解。

（3）通过课后作业及实践项目的形式巩固课堂学习内容，同时针对学生学习中遇到的问题进行在线解答、互动，收集学生学习中带有共性的知识点和学习误区，在下次课程中加以解答，不断深化授课内容。

2. 课程结果总结

本课程以问题切入，以案例讲解、小组讨论、课堂抢答等形式组织课程，让学生对抽象、宏观的宪法有了直观、真切和深入的理解，加深了对宪法发展历史、地位、原则、实施、监督、权威等方面的认识和理解，初步达到了教学要求。但是学生运用法治思维思考社会问题、解释社会现象、主动承担责任等方面的能力还需要在实践教学中进一步强化。

3. 课程问题总结

本课程的授课难点在于"宪法的实施与监督""宪法权威性"。学生可能没办法真懂、真信，不能有效维护宪法权威，不敢与有损宪法权威的不良行为和言论作斗争。因此，结合社会现实，解答社会问题、投身社会实践等方面还需要教师结合实践经验深入探索，对学生进行更加深入、直接的教育指导。

4. 后续教学总结

后续的教学内容为"自觉尊法学法守法用法"，是实践层次的教学内容，教师应力图解决本课程没有解决的相关问题，如不能有效维护宪法权威、不敢与有损宪法权威的不良行为和言论作斗争等。在后续的"自觉尊法学法守法用法"教学中，教师应利用案例、权威理论、习近平总书记讲话等资料，深化、佐证"宪法的实施与监督""宪法权威性"的相关内容，不断提升学生的法治意识、社会责任担当意识，培养堪当民族复兴大任的时代新人。

（三）作业设计

1. 学习通发布课后作业：如何理解我国宪法地位和基本原则？

2. 课后实践项目设计：12月4日宪法日学生参加宪法宣传活动。学生利用课余时间整理宪法相关宣传资料，学生分组进行宣传、讲解。活动结束后，提交相关图片等资料，教师进行实践效果评价，学生交流实践心得体会。

3. 学习通发布讨论话题：宪法权威体现在什么地方？

（四）参考资料

[1] 韩大元：《宪法学》，高等教育出版社，2006年。

[2] 中共中央文献研究室：《习近平关于全面依法治国论述摘编》，中央文献出版社，2015年。

[3]《中共中央关于全面推进依法治国若干重大问题的决定》，人民出版社，2014年。

[4] 中华人民共和国国务院新闻办公室：《中国特色社会主义法律体系》，人民出版社，2011年。

八、教学总结与反思

本教学设计在授课内容、授课形式、教学过程等方面处处体现以教学对象为主体的理念，充分考虑大学本科阶段学生的知识、能力、情感、心理等方面的特点，教学内容难易适中，教学速度得体恰当，教学形式力求多样化，初步达到了教学目标。但是，在实际授课过程中还存在以下一些问题，有待在今后的授课过程中加以改进提高。

1. 从总体上看，此次授课内容较为抽象，需要任课教师采取直观、形象的教学方式加深理解。为增强学生的学习效果，授课过程中将以案例、讨论、抢答等形式深化学习内容，以课后实践项目巩固教学成果。从教学效果反馈来看，部分学生不能举一反三、不能触类旁通。因此，在后续教学过程中，要选择贴近学生生活实际的典型案例，将教学内容与学生生活实际相结合，使学生看得见、听得懂、悟得出、见行动。

2. 学生学习兴趣激发不足。虽然授课中刻意增加案例教学、课堂讨论、抢答等环节，但是部分学生仍不能主动思考、不能全身心听课，学习兴趣明显不足。在未来教学过程中，可以采取多种教学方法，增加沉浸式教学环节，增强教师授课亲和力，提高师生互动的效果，课后采取实践项目的形式固化授课内容，提升学生的学习积极性，提高教学效果。

3. 学生法治能力尚需进一步提升。授课中着力培养学生法治思维能力、法治担当能力、维护宪法权威的斗争能力，但是任何一种能力的养成都需要长期行为实践，需要教师典型示范，学生主动践行、自我反思等环节。因此，在后续的教学中，适当增加实践教学以深化课堂学习内容，并使其内化为学生的各种素质和能力。

学法以明道 用法以立身

大连大学 王元明

一、课程基本信息

主讲课程：思想道德与法治

使用教材版本：高等教育出版社（2023版）

教材章节出处：《思想道德与法治》第六章《学习法治思想 提升法治素养》 第四节《自觉尊法学法守法用法》

二、教学设计概述

本课选自教材第六章第四节。第六章《学习法治思想 提升法治素养》总体按照"法学原理→法律体系→法治体系→法治道路→法治思维→权利义务"的逻辑理路构建法治观教育内容体系。第四节《自觉尊法学法守法用法》是整章的落脚点。本节在解读法治思维的基本含义与特征的基础上，重点介绍法治思维的内涵与基本内容，阐释宪法规定的公民基本权利和义务以及如何行使法律权利、履行法律义务、提升法治素养。

本课设计充分体现大中小学思政课一体化建设的理念，按照小学启蒙法治情感，初中筑牢法治观念，高中深耕法治意识，大学注重增强使命担当的规律和要求，与中小学法治教育有效衔接，设计注重法治教育的层次性与递进性，体现法治教育的系统性；通过回顾与整合，为大学阶段的深入学习打下基础，为学生未来的法治实践做好准备。

本课设计注重互动性与创新性相结合。鼓励学生积极参与、互动交流，通过案例分析、小组讨论、知识竞赛等方式激发学习热情。同时，引入微电影等新颖形式，为法治教育注入活力。设计注重理论与实践的结合，让学生通过参与法治实践和艺术创作，在体验中提升法治素养。

三、学情分析

学生在不同学段展现出了对法治教育内容的递进式认知。小学阶段，学生对法治充满好奇，初步建立起对法律规则的敬畏感；进入初中，他们的法治观念逐渐成形，开始深入思考法律与社会的关系；到了高中，学生的法治意识更为明确，能够运用法律知识分析社会现象。

本科阶段的学生在法治学习方面呈现以下特点：

第一，在思想特点上，本科学生已经具备较为成熟的思维能力和独立见解，他们对法治教育有着较高的认同感和求知欲，渴望通过系统学习深化对法治思维的理解和应用。

第二，在知识储备上，经过基础教育阶段的积累，学生已经掌握了一定的法律知识，为本阶段深入学习法治思维奠定了坚实的基础。

第三，在能力水平上，本科学生具备较强的自主学习和探究能力，他们能够独立思考、分析问题，并善于将理论知识与实际应用相结合，渴望通过学习提升自己的法治素养和实践能力。

四、教学目标

（一）知识目标

1. 通过"法海探秘寻知——案例分析""法治思想激荡——观点共鸣"活动，全面理解法治思维的内涵和基本内容，掌握法治思维的核心要义，明确法治思维在现代社会中的重要性和应用价值。

2. 通过"法海智航争霸——知识竞赛"活动，深入理解法律权利与义务及其关系，把握行使法律权利的界限，明确违反法定义务应当承担的法律责任。

3. 通过"庭审线上观摩——实践初探"，总结如何提升法治素养，并积极践行。

(二)能力目标

1. 在理论学习中,培养扎实的法治理论素养,提升法治思维能力。

2. 通过案例分析、法律实践等活动,学会正确行使权利、履行义务,增强法律实践能力。

3. 培养独立思考、分析问题、解决问题的能力,以及批判性思维和创新精神。

(三)情感目标

1. 通过"法治微电影秀——光影映法""法治之旅远航——思维凝粹"环节,树立正确的法治观念,增强法治意识,形成对法治的坚定信仰。

2. 培养起对法律的敬畏之心,自觉遵守法律,维护法律权威。

3. 增强对社会责任的认识,积极参与公共事务,为社会法治建设贡献力量。

五、教学重点难点

(一)教学重点:法治思维的内涵和基本内容。

法治思维是现代社会公民必备的思维方式之一,其核心在于将法治理念贯穿于思考、决策和行为的全过程。在本课教学中,法治思维的内涵和基本内容是教学的重点。本课将通过多种教学方式突破这一重点。例如,通过案例分析、小组讨论等方式,引导学生从实际案例中感受法治思维的重要性;通过知识竞赛、法治微电影创作等活动,让学生在参与中加深对法治思维的理解和掌握。

(二)教学难点:有效提升大学生法治素养。

在新时代背景下,提升大学生的法治素养尤为重要。然而,由于社会环境、家庭教育、个人认知等多方面因素的影响,大学生在法治素养方面往往存在一些不足和误区。因此,如何有效提升大学生的法治素养成为本课教学的难点。本课将采取以下措施攻克教学难点:通过案例分析、线上旁听庭审等方式让学生在实践中学习和掌握法律知识;鼓励学生积极提出自己的见解和疑问,加深对法治素养的理解;开展法治实践活动,让学生在实践中提升法治素养。

六、教学设计总体思路

本课教学设计遵循以学生为中心和大中小思政课一体化建设的理念，结合本科阶段学生的认知特点和法治学习需求，重点引导学生理解法治思维的内涵和具体内容，学会正确行使权利和履行义务，全面提升法治素养。

通过七个精心设计的教学环节，引导学生从法治知识的学习到法治思维的养成，再到正确行使权利与履行义务，从而形成对法治的坚定信仰和自觉遵守。

在整个教学过程中，注重理论与实践相结合，体现法治教育的层次性和递进性。同时，充分利用现代教育技术和手段，如多媒体教学、超星学习通平台等，提高教学效率和质量。

通过本课的学习，学生不仅能够掌握法治思维的核心要义和法律权利义务关系，更能够在实践中不断提升自己的法治素养和实践能力，为成为具备高度法治素养的社会主义合格建设者和可靠接班人奠定坚实基础。

七、教学过程

（一）教学流程设计

环节一：法治之旅启航——开篇扬帆

教师活动：

1. 播放视频：《上海地铁新规10分钟内同站进出免费——源于一群大学生的一次维权》。

2. 对学生发言进行点评总结：大学生是未来国家建设的中坚力量，要成为社会主义法治的忠实崇尚者、自觉遵守者、坚定捍卫者，必须养成良好的法治思维和行为方式，让法治思维成为我们的逻辑起点！

学生活动：

1. 观看视频。

2. 思考并讨论公民在面对侵权行为时，应该树立什么样的意识，采取什么样的行动。

设计意图：为学生揭开法治之旅的序幕，引导学生思考大学生积极培养法治思维，提升法治素养的意义，引领学生踏上学习本课的征程，自然地导入本课内容的学习。

环节二：法海探秘寻知——案例分析

教师活动：

1. PPT展示案例：某电商平台售卖假冒名牌运动鞋案。组织学生讨论案例，总结法治思维的含义。

2. 法治思维是一种融法律的价值属性和工具理性于一体的特殊的高级法律意识。通过同学们刚才的分析，我们发现本案体现了法治思维的四层含义，法治思维是一种正当性思维、规范性思维、逻辑思维和科学思维。

学生活动：分析案例，思考什么是法治思维，法治思维包含哪几层含义。结合案例进行理解；与同学和老师交流自己的看法。

设计意图：通过案例分析，帮助学生理解法治思维及其内涵，知道对于公民而言，法治思维就是当自己的理想目标、思想情感、行为方式、权利诉求和利益关系等与法律的价值、规则或要求发生冲突时，能够按照法律指引实施自己的行为。

环节三：法治思想激荡——观点共鸣

教师活动：法治思维的内涵丰富、外延宽广。主要表现为价值取向和规则意识两个方面。一般来讲，法治思维主要包括法律至上、权力制约、公平正义、权利保障、程序正当等内容。习近平总书记十分重视法治思维，在多次讲话中提到相关内容。请同学们根据所学内容，将"思想组"和"内容组"选项进行匹配。

"思想组"：

①程序是权力的重要载体，程序的价值在于它的客观性、普遍性、稳定性、强制性，可以有效制约权力行使的主观随意性。——习近平：《领导干部要认认真真学习老老实实做人干干净净干事》，《学习时报》，2008年5月26日。

②党纪国法不能成为"橡皮泥""稻草人",违纪违法都要受到追究。——2015年2月2日习近平总书记在省部级主要领导干部学习贯彻党的十八届四中全会精神全面推进依法治国专题研讨班开班式上的重要讲话。

③一个错案的负面影响足以摧毁九十九个公正裁判积累起来的良好形象。执法司法中万分之一的失误,对当事人就是百分之百的伤害。——习近平总书记2014年1月7日在中央政法工作会议上的讲话。

④把权力关进制度的笼子里。——习近平总书记2015年2月2日在省部级主要领导干部学习贯彻党的十八届四中全会精神全面推进依法治国专题研讨班上的讲话。

⑤我们坚持法律面前人人平等,把尊重和保障人权贯穿立法、执法、司法、守法各个环节。——习近平总书记2022年2月25日在十九届中央政治局第三十七次集体学习时的讲话。

"内容组":

A. 法律至上

B. 权力制约

C. 公平正义

D. 权利保障

E. 程序正当

学生活动：自主学习法治思维的基本内容。以学习小组为单位,通过超星学习通平台进行抢答。抢答并匹配成功后,触发PPT相应链接,展示"内容组"对应的要点,由获胜小组同学领学要点。

设计意图：通过将习近平总书记关于法治的重要讲话与法治思维内容的匹配,培养思辨能力与分析能力。学生在思考、讨论和抢答的过程中,不断激荡法治思想,形成对法治思维的深刻认识和共鸣。抢答的形式不仅激发了学生的竞争意识和参与热情,也锻炼了他们的快速反应能力和团队协作能力。通过领学要点的形式,让学生深入地理解和阐述法治思维的内容,促进学生对法治思维的全面理解和应用。

环节四：法海智航争霸——知识竞赛

教师活动：

1. PPT展示竞赛题目。

2. 将学习通投屏到投影仪，以投影仪显示的抢答顺序为准。

3. 根据课堂实际情况，通过学习通平台随机抽取10—15道竞赛题。

竞赛题示例：

判断题

依法维权是维护社会公平正义的重要手段之一。（√）

单选题

下列关于依法维权的说法，正确的是：（C）

A. 依法维权是公民的个人行为，与政府和社会无关。

B. 依法维权只能通过法律途径进行，其他方式都是无效的。

C. 依法维权是公民维护自身合法权益的重要手段，应得到全社会的支持。

D. 依法维权只适用于特定群体或特定情况，不适用于所有公民。

学生活动：

1. 在课前预习教材第235—247页内容。

2. 课堂通过学习通APP抢答。

3. 根据抢答情况获取相应的课程积分；交流"依法行使权利与履行义务"学习心得。

设计意图：小学六年级《道德与法治》上册法治专册介绍了公民权利、未成年人特权、维权途径及守法知识。初中八年级下册《道德与法治》深入探讨了公民基本权利与义务的行使与履行。高中必修三《政治与法治》则强调依法维权与守法，引导学生自觉履行各项责任。基于这一学情，"依法行使权利与履行义务"通过学生自主学习与课堂知识竞赛的形式，避免简单重复，实现大中小学一体化教学，在学生已有知识基础上，实现由浅到深、由表及里、逐层推进的法治教学效果，适应本科阶段学生身心发展特点和成长需要。

环节五：庭审线上观摩——实践初探

教师活动：

1. 课前布置任务：在最高人民法院网站观看一场庭审直播视频。

2. 同学们，课前你们已经选择了一场自己感兴趣的直播进行观看。请你运用所学知识，结合自身实际，谈谈如何提升法治素养。

3. 新时代大学生的法治素养，关系全民族法治素养的总体水平，关系法治中国建设的进程。提高法治素养是大学生成长成才的内在需要。大学生要尊重法律权威、学习法律知识、养成守法习惯、提高用法能力，不断提升自己的法治素养。

学生活动：

1. 课前准备：观看一场最高人民法院庭审直播视频。思考：大学生应如何提升法治素养。

2. 课堂分享，运用所学知识，结合大学生实际，谈谈如何提升法治素养。

学生甲：我观看了"王某甲诉王某乙抚养费纠纷案"。本案中父母与子女的关系不因父母离婚而消除，离婚后父母对子女仍有抚养和教育的义务，关于子女生活费和教育费的协议和判决，不妨碍子女在必要时向父母任何一方提出超过协议或判决原定数额的合理要求。大学生要提升法治素养，首要前提是学习和掌握基本的法律知识，包括法律法规方面的知识和法律原理、原则方面的知识。我们可以通过理论学习和法治实践来学习法律知识。

学生乙：我观看了"柴某某诉大庆市房产管理局不履行法定职责案"。本案中行政主体享有的法定职权又是其法定职责，必须依法履行。大学生要通过法律维护社会公共利益，要遵法守规、遇事找法、善于用法，做新时代的守法人、护法人。

设计意图：旁听司法审判是大学生参与法治实践的有效途径。本环节让学生通过课前观看人民法院庭审直播视频，课堂交流，加深个人对法律知识的认识，学习在实践中运用法律知识和方法思考、分析、解决法律问题，养成法治思维习惯，自觉提升法治素养。

环节六：法治微电影秀——光影映法

教师活动：布置法治微电影制作任务：指导学生以法治思维为核心，创作并拍摄法治微电影。为学生提供及时的主题选择、内容指导、技术指导等必要的辅导。择优推荐参加微电影大赛。

内容要求：可以用表演情景剧或动漫设计等方式表达对培养法治思维、提升法治素养等相关内容的理解。

技术要求：全片图像同步性能稳定，图像无抖动跳跃，色彩无突变，编辑点处图像稳定；无明显偏色，多机拍摄的镜头衔接处无明显色差；画幅建议采用16：9，720p或1080p。声音和画面同步，无明显的交流声或其他杂音等缺陷。伴音清晰、饱满、圆润、无失真、噪声杂音干扰、音量忽大忽小现象。解说声与现场声无明显比例失调，解说声与背景音乐无明显比例失调。

学生活动：自组织4—6人合作小组；以小组为单位选定拍摄主题，制订拍摄计划，写作拍摄脚本，组织拍摄；任务完成后，视频上传超星学习通APP，供同学们互相学习；观看视频后，完成小组自评、互评任务。

设计意图：微电影是大学生非常喜欢的艺术形式。本环节通过微电影制作和展示这一富有创意和艺术性的形式，巩固学生对法治知识的掌握，提升法治思维能力、培养团队合作精神、艺术素养和审美能力，促进学生全面发展。鼓励学生积极探索习近平法治思想的深刻内涵，用光影的形式将中华优秀传统法律文化发扬光大，做新时代的守法人、护法人。

环节七：法治之旅远航——思维凝粹

教师活动：

1. 通过思维导图，与学生一起总结本课内容。

2. 本节课我们深入理解了法律背后的精神内涵——它是对公平正义的追求，是对社会秩序的维护，更是对个人权利的保障。我们学会了以法律的视角去审视世界，以法治的精神去指导行为。同时，我们也意识到，尊法、学法、守法、用法不仅是一种法律义务，更是一种社会责任和道德要求。它要求我们在日常生活中，不仅要自觉遵守法律，更要积极传播法治理念，推动形成全社会尊法、学法、守法、用法的良好氛围。

学生活动：运用x-mind思维导图软件，制作本课思维导图，总结本课内容。

设计意图：通过思维导图进行课堂小结，强化学生对所学内容的理解，培养学生法治思维，提升学生法治素养，培养他们的实践能力和创新精神，促进师生之间的交流与互动；帮助学生更好地掌握法律知识，为未来的学习和生活奠定坚实的基础。

（二）课堂小结

"学法以明道，用法以立身"。本节课的学习之旅，犹如一场探寻法治精神内核的奇妙旅程。我们共同穿越了法律的丛林，领略了法治文明的风景，感受到了法律作为社会规则体系的独特魅力。未来，让我们带着这些收获和感悟，用法治的智慧和力量，共同创造更加公正、和谐、美好的社会。

（三）作业设计

阅读拓展文献《论坚持全面依法治国》《习近平法治思想学习纲要》，加深对习近平法治思想的理解，传承中华优秀法律文化。

（四）参考资料

[1] 中共中央宣传部、中央全面依法治国委员会办公室：《习近平法治思想学习纲要》，人民出版社，2021年。

[2] 中华人民共和国教育部：《义务教育道德与法治课程标准》，北京师范大学出版社，2022年。

[3] 中华人民共和国教育部：《普通高中思想政治课程标准（2017年版2020年修订）》，人民教育出版社，2020年。

[4] 陈大文，孔鹏皓：《论大学生社会主义法治思维的培养》，《思想理论教育导刊》，2015年。

[5] 朱国良：《论大学生法治思维培养的几个着力点》，《思想理论教育导刊》，2016年。

[6] 尹利平，金钊：《"弘扬宪法精神 争做守法公民"教学设计》，《思想政治课教学》，2023年。

[7]《上海地铁新规10分钟内同站进出免费——源于一群大学生的一次维权》，https：//news.cctv.com/2023/12/10/ARTI9NRMlGZfxs5n3pXDvgwx231210.shtml.

[8]《销售假冒品牌运动鞋，被判处有期徒刑七个月，并处罚金一万元》，http：//www.sdcourt.gov.cn/jnanshfy/yhyshj33/14637041/index.html.

[9] 中国庭审公开网，https：//tingshen.court.gov.cn/.

八、教学总结与反思

在本次大中小学一体化教学设计的实践中，我深刻体会了不同学段之间的衔接与融合的重要性。在设计过程中，将大学、中学、小学的教学特点与内容进行有机结合，以期达到知识的连贯性与递进性。例如，"法海智航争霸——知识竞赛"环节，就是在基础教育阶段法治学习的基础上所设计的教学环节，既避免了各学段简单重复，又能充分调动学生学习积极性。

一体化教学不仅仅是知识的传递，更是学习方法和思维能力的培养。因此，在未来的设计中，我将更加注重培养学生的自主学习能力、合作精神和创新思维，以帮助他们更好地适应不同学段的学习需求。

此外，我还计划加强与不同学段教师的交流与合作，共同探讨一体化教学的有效策略，以期实现真正意义上的大中小教学融合。

与法治同行

沈阳城市学院　王雨虹

一、课程基本信息

主讲课程：思想道德与法治

使用教材版本：高等教育出版社（2023版）

教材章节出处：《思想道德与法治》第六章《学习法治思想　提升法治素养》第四节《自觉尊法学法守法用法》

二、教学设计概述

本课是教材《思想道德与法治》第六章第四课《自觉尊法学法守法用法》的内容，故教案设置主题为"与法治同行"。本课内容包含三个模块："培养社会主义法治思维""依法行使权利与履行义务""不断提升法治素养"。本节课对应的课程内容：通过学习引导学生建立法治思维，正确理解法律权利和法律义务，从法律权利和法律义务关系的角度明确公民基本法律权利和法律义务的主要内容和要求，能够正确行使和维护法律权利，自觉履行法律义务。掌握培养法治思维的方法，并提高尊法、学法、守法、用法的自觉性，成长为法治中国、法治社会建设的重要力量。

本课是学习法治思维，提升法治素养中如何"践行法治"的内容。法治思维的培养以及法律权利和法律义务的行使是实践中最为重要的问题，不断提升自身法治素养是大学生成长成才的内在需要。通过本节课的教学让学生知道大学生要尊重法律权威、学习法律知识、养成守法习惯、提高用法能力；让学生真正认识到作为大学生应依法行使权利和履行义务，妥善处理学习、生活中遇到的法律问题和各种矛盾。因此，本课在思想道德与法治课程中具有重要的地位，为学生学习法治的基本内容奠定坚实的基础，也为大学生成为社会主义法治的忠实崇尚者、自觉遵守者以及坚定捍卫者奠定坚实的基础。

三、学情分析

（一）思想特点

本学年段的学生都属于"〇〇后"大学生且是大一新生，都处于思想活跃、自主意识强的阶段，同时也处于由高中生到大学生转变过渡的阶段，思想意识各方面还不太成熟，世界观、人生观、价值观、思想观和法治观均处于形成的关键时刻。初入大学，一切都比较新奇，对于课程内容有一定的学习兴趣并具备较为端正的学习态度。

（二）知识储备

本节课"法律权利"中的政治权利部分与法律义务部分，大一学生在高中《思想政治》必修部分已经学习过，所以学生具备一定的理论学习基础。但教师仍需要根据本班级学生具体的实际情况，调整教学内容与安排。

（三）能力水平

经过义务教育阶段的学习，大一学生已经初具独立分析问题和解决问题的能力，对于本课所涉及的实际案例能做好相应分析。同时也具备一定的合作探究能力，能够从探究式学习中获得收获。

四、教学目标

（一）政治认同

认识中国特色社会主义法治体系，认同中国特色社会主义法治道路的发展，明确宪法体现人民意志，维护人民的根本利益，从而认同宪法价值。同时，认识到我国是人民当家作主的社会主义国家。能够在实际行动中，践行宪法至上的理念，积极参与国家政治生活，并能够强化国家及法律认同，担当起国家主人的责任。

（二）科学精神

树立马克思主义法律观，在此基础之上，通过对于课堂案例的分析，懂得运用宪法原则和精神分析实际问题，学会用法治观看问题，培养科学精神。

（三）法治意识

通过对于课程的学习，理解法治思维的基本内涵，了解我国宪法法律规定公民享有的基本权利和履行的基本义务，正确认识法律权利与法律义务的关系，分析说明我们每一个公民的法律权利和法律义务，总结出法律与我们每个人的生活都是息息相关的，要不断强化法治思维和法治意识。增强对中国特色社会主义法治建设和全面依法治国的认同感和自信心。

（四）公共参与

初步形成依法参与社会公共事务的意识，解决社会生活中遇到的实际问题，参与监督宪法的实施。并掌握培养法治思维的方法，养成法治思维，提升法治素养，成长为法治中国、法治社会建设的重要力量。同时，提高法治理论认知能力和政治辨别力。

五、教学重点难点

（一）教学重点

法律权利和法律义务的关系，法治思维的基本内容，如何提高用法能力。

依据：学生只有认识到自己作为社会中的公民所具备的法律权利和法律义务，才能从权利义务的角度规范和约束自己的行为，由此来运用法律手段积极参与社会生活。同时，养成用法治思维分析和解决问题的习惯，能够提高学法守法用法的能力。

（二）教学难点

正确认识法治思维的基本内容，掌握提升法治素养的方法。

依据：思想意识层面的问题是在课堂之中较难解决的问题，因为内容较为抽象，且内容内化于学生内心后也具备隐蔽性，教师不易直观衡量出思维转变和升华的课堂成效，所以提升学生的法治意识是教学中的难点。

六、教学设计总体思路

对于本节课的内容，总体设计思路为：

课堂导入—学习任务—案例分析—学习任务—课后总结—课后作业—教学反思。

1. 课堂导入：先以案例分析切入主题，围绕公民个人在全面依法治国中的作用展开，采用案例分析、课题问答互动的形式，结合热播电影与热点法治事件。

2. 学习任务：让学生理解何为法治思维，并引出法治思维的基本内容。

3. 案例分析：以视频案例引出学习任务。

4. 学习任务：比较法律权利与法律义务之间的异同，由此明确我国宪法规定哪些权利与义务，并让学生明白作为公民应该如何依法行使权利和履行义务。

5. 课后总结：教师总结本节课内容，让学生在具备法治思维以及明确法律权利义务的基础之上来不断提升法治素养；尊重法律权威，学习法律知识，养成守法习惯，提高用法能力。

6. 课后作业：通过"学习通"APP回答本节课设置的相应问题。

7. 教学反思：分析本节课的不足和经验，并作为对下次课程的指导。

七、教学过程

（一）教学流程设计

环节一：培养社会主义法治思维

教师活动：

1. 引入问题：请同学们思考，面对"女友和母亲同时掉进水里，只能救一个，你会救谁"这个问题，你觉得应该怎么做呢？哪一种或哪些答案是出于法治思维呢？

2. 总结学生发言并阐述法治思维的概念。

3. 教学案例：北京八达岭老虎咬人事件该不该赔偿。引导学生发表自己的观点。

4. 对比分析"法治思维"与"人治思维"的区别。

学生活动：

1. 完成老师提出的问题，给出各种答案。同学们有不同的回答，不同的答案是基于不同的思维方法和逻辑。

2. 明确法治思维的概念。

3. 通过案例分析，深入理解法治思维中的"权利保障"和"正当程序"原则。

4. 通过比较学习更加认识到法治思维的重要性。

设计意图：引导学生思考法治思维是一种以法治价值和法治精神为导向，运用法律原则、法律规则、法律方法来思考和处理问题的一种思维模式。互动思考，有利于培养学生的理性思维和法治思维能力。

环节二：依法行使权利与履行义务

教师活动：

1. 图片展示：图片中公民的行为体现了哪些公民权利以及公民义务。引出本环节的知识点：法律权利与法律义务的内涵与特征。

2. 图片展示：爆火的"阳敌"梗，是否侵犯了杨迪的肖像权。引导学生进一步明确公民的肖像权以及相应的法律权利。并引出知识点：依法行使法律权利以及依法履行法律义务。

3. 案例分析：①辽宁盘锦辱华贴纸案；②不常回家看老人算违法。展示两个案例，让学生分别分析案例中体现了什么法律权利以及法律义务。

4. 案例①让学生明确法律赋予公民权利，是为了保障其合法权益的实现，绝不是给予实现不正当目的的工具。案例②加深学生对于法律与道德的关系、坚持依法治国和以德治国相结合等教学内容的理解。让学生围绕着回家看老人属于道德义务还是法律义务、是否应当采用法律手段提倡关爱老人、该项法律会产生什么样的社会影响进行讨论。

学生活动：

1. 通过观看图片，进行法律权利与法律义务的归类。

2. 通过杨迪的肖像权进一步认识到应当如何依法履行权利义务。

3. 分析通过两个案例，得出结论。

设计意图：什么是法律权利和法律义务，公民应该如何理解法律权利和法律义务的关系，如何依法行使法律权利和履行法律义务，以及滥用法律权利和违反法律义务后要承担什么法律责任等，是我们日常生活中经常遇到的法律问题。如何珍视民众的法律权利和义务，让民众善于运用法律权利，履行法律义务，成为一个令人深思的话题。让学生通过对比分析，更加明确法律权利和法律义务的内涵以及重要性。

环节三：不断提升法治素养

教师活动：

1. 展示《第二十条》电影片段，引发学生思考。讲述以韩明、吕玲玲为代表的检察官，不屈服于种种压力和威胁，坚决维护公平正义，最终凭借刑法"第二十条"，还正当防卫者以清白的故事。引出知识点一：尊重法律权威。

2. 继续探究影片：电影中，男生为救助受校园欺凌的同学，导致欺凌者鼻骨骨折，面临行政处罚。引导学生探讨面对校园霸凌你会怎么做？师生讨论并总结引出知识点二：学习法律知识。

3. 基于影片结合案例：2018年昆山龙哥反杀案，正当防卫的典型案件；让学生探讨得出知识点三：养成守法好习惯。

4. 继续展示影片剧照：公交司机为救被骚扰的女生，导致施暴者颅骨骨折，被判有期徒刑3年。基于剧情解读，得出知识点四：提高用法的能力。

5. 总结：不断提升法治素养，需要大家尊法、学法、守法、用法。

学生活动：

1. 通过对于影片分析和多个法律事件的分析解读，在影视剧中、在生活中的案件里总结出来要做到自觉尊重法律权威，学习法律知识，养成守法好习惯，提高用法能力。

2. 通过影片与案例将自身置于情景之中，快速得出结论。

设计意图：通过电影与案例引导学生培养法治思维，增强规则意识，尊重和维护法律权威，按照法律的指引规范自己的行为，守住法律底线，对无理诉求说不，用法律武器维护自身合法权益。可通过此案例引导学生认识到这种行为是推动法治进步、社会进步的重要力量。抗争不合理的规则，需要每个公民的参与。因为争取的不仅仅是个人权益，更是公共利益，是整个社会的公平正义。

（二）课堂小结

本节课从法律权利和法律义务关系的角度说明了公民基本法律权利和法律义务的主要内容和要求，阐述了法治思维的基本原则，分析了提高法治素养的方法和途径，引导大学生正确理解法律权利和法律义务，自觉养成法治思维，带头维护和尊重法律权威，正确行使和维护法律权利，自觉履行法律义务，积极投身法律实践，做尊法知法守法护法的好公民。

（三）板书设计

与法治同行
- 培养社会主义法治思维
  - 法律至上　权力制约　公平正义　权利保障　程序正当
- 行使权利与履行义务
  - 法律权利
  - 法律义务
- 不断提升法治素养
  - 尊重法律权威
  - 学习法律知识
  - 养成守法习惯
  - 提高用法能力

（四）作业设计

1. 作业内容：谈法治与人治的区别。

2. 评价方法：学生通过超星学习通进行作业提交，教师进行作业批改并反馈。

（五）参考资料

［1］习近平：《论坚持全面依法治国》，中央文献出版社，2020年。

［2］中共中央宣传部理论局：《法治热点面对面》，学习出版社、人民出版社，2015年。

［3］余泽龙、刘苡希：《习近平法治思想融入大学生法治素养的思考》，《赣南师范大学学报》，2022年。

［4］吴永红：《习近平法治思想指引下新时代高校依法治校的实践路径》，《教育评论》，2022年。

八、教学总结与反思

1. 教学总结：本节课目的是培养学生自觉尊法、学法、守法、用法，着眼于培养学生的政治认同和责任意识，力求在课堂教学中增强学生对于中华人民共和国宪法的认识、对于中国特色社会主义法治体系的认识，提升学生的法治意识，进而使其积极参与到社会生活之中。本节课的教学设计遵循三个议题逐层展开，遵循"培养社会主义法治思维—依法履行权利义务—不断提升法治素养"这一逻辑结构，通过创设情景—案例分析—议题解析—活动探究的学习路线，帮助学生理解如何与法治同行，做一个尊法学法守法用法的公民。

2. 教学反思：由于本节课法律知识内容宏大且思维引领上较为抽象，还需要教师通过学生身边的现实案例情景，引导学生将抽象的内容内化于心并外化于行，这样才能使其更有效地达成学习目标，将课堂中所学的知识内化为自身的法治意识。

与法同行，筑梦远航

大连东软信息学院　董　蕾

一、课程基本信息

主讲课程：习近平新时代中国特色社会主义思想概论

使用教材版本：高等教育出版社、人民出版社（2023版）

教材章节出处：《习近平新时代中国特色社会主义思想概论》第九章《全面依法治国》第三节《加快建设法治中国》

二、教学设计概述

习近平总书记在党的二十大报告中提出"推进大中小学思想政治教育一体化建设"，在大中小学思政教育一体化框架内，大中小学法治教育一体化是重要内容，同时也是贯彻党的二十大精神、贯彻习近平法治思想的重要抓手。《关于深化新时代学校思想政治理论课改革创新的若干意见》《新时代学校思想政治理论课改革创新实施方案》和《青少年法治教育大纲》等一系列文件对新时代改善学校法治教育提出了相应的要求，对于大部分非法学专业的高校学生而言，接受法治教育的主渠道是思政课，如何讲好法治专题的思政课并进行教学实践的创新值得研究。

本次授课题目为"与法同行，筑梦远航"，选自《习近平新时代中国特色社会主义思想概论》课程第九章的第三节，授课对象为我校本科学段大一年级计算机与软件专业学生。教学设计主要分为课前预习、导入新课、讲授新知、巩固提高、课堂小结、课后作业等环节，旨在培养学生在知识目标上承接中小学所学内容、掌握与法治中国相关的知识点，在能力目标上提升自身运用法律思维发现问题、分析问题、解决问题的能力，在情感目标上增强自身对法律价值的认同，从而自觉投身于中国特色社会主义法治建设的实践之中，共筑中国梦，助力青春远航。

三、学情分析

1. 本次授课对象为我校本科大一年级学生，虽然学生在中小学阶段均受过法治教育，但是受到高考改革"3+1+2"模式的影响，法治课程的"教"与"学"并不能覆盖到每个学生，学生的法治价值认同尚需进一步提升。

2. 本次授课学生所学专业为我校计算机与软件专业，与法学相关专业学生相比，其法律基础较为薄弱，且在大学阶段对于法律知识的学习仅限于思政类公共基础课，学生在法治思维以及实践能力等方面存在不足。

3. 本次授课学生均为"〇〇后"，与往届学生相比，他们的认知与思维方式均呈现不同的特点。学生们的主体意识较强，创新思维较为突出，更加关注社会热点。"〇〇后"群体的特征为思政课教学的改革提出了机会与挑战。

四、教学目标

（一）知识目标

通过本节内容的学习，掌握与法治中国相关的知识点，如法治中国建设的总体目标、法治中国建设的工作布局以及如何建设更高水平的法治中国，初步实现本节知识体系与中小学所学相关内容的衔接与过渡。

（二）能力目标

通过参与本节课堂实践活动，不仅提升自身对法治中国相关理论的熟悉程度，同时培养自身运用法律发现问题、分析问题、解决问题的能力，凝聚法治共识，做社会主义法治的忠实崇尚者、自觉遵守者、坚定捍卫者。

（三）情感目标

通过本次"与法同行，筑梦远航"主题课程的学习与实践，一方面增强自身对中国特色社会主义法治道路的价值认同，坚定拥护中国共产党对全面依法治国的领导；另一方面激发自身将法律信仰转化为法治实践的积极性，主动投身于中国特色社会主义法律体系的建设与完善事业中，在法治的实践与奋斗中共筑中国梦。

五、教学重点难点

（一）教学重点

1. 结合党的二十大报告中关于法治建设的部署及重要论述，讲清楚法治中国建设的相关内容，即中国共产党的领导、立法机关立法、行政机关依法行政、司法机关公正司法、全民守法。

2. 根据习近平法治思想的主要内容"十一个坚持"，讲清楚科学立法、严格执法、公正司法、全民守法四个环节分别在法治中国建设中扮演什么样的重要作用。

（二）教学难点

1. 考虑到大中小学法治教育的一体化建设，本节授课不仅要回顾学生们在中小学阶段学到的法治内容，注重知识的连贯性，同时还应侧重对大学生法治价值认同的培养，体现高校思政课教学目标的进阶性。

2. 结合与法治相关的热点新闻，如新时代推动法治进程2023年度十大案件、春节档热映电影《第二十条》、大学校园电信诈骗等，将案例教学融入专题讲授，既丰富教学内容与形式，又能有效发挥学生们的主动性与主体性，使其正确认识法治思维的基本内容，掌握提升法治素养的方法。

六、教学设计总体思路

（一）教学环节设计

1. 课前预习：一体化智慧平台上布置学生浏览2023年度十大案件，做好预习。

2. 导入新课：以春节档热映电影《第二十条》为切入点，运用问题链教学法，调动学生对本节内容的学习热情与兴趣。

3. 讲授新知：通过开展两个课堂实践活动，结合讨论法、案例教学法等，讲授法治中国建设的总体目标、法治中国建设的工作布局等知识点。

4. 巩固提高：承接前面知识点的学习，通过开展第三个课堂实践活动，结合情境教学法，分享如何建设更高水平的法治中国，贯彻以学生为中心的教学理念。

5. 课堂小结：运用多媒体教学法，以教师总结与学生线上分享感悟相结合的方式进行课堂小结。

6. 课后作业：一体化智慧平台上布置学生课后按照"行走的法治课堂"实践项目的要求，拍摄短视频作为作业提交。

（二）教学方法

多媒体教学法、问题链教学法、讨论法、案例教学法、情境教学法、实践教学法等。

七、教学过程

（一）教学流程设计

环节一：课前预习

教师活动：一体化智慧平台上布置课前预习任务，同时提前准备课堂实践活动，将学生的课前预习情况计入课程考核体系。

学生活动：登录一体化智慧平台，课前浏览新时代推动法治进程2023年度十大案件，感悟法治中国建设的生动实践。

设计意图：结合法治新闻热点，引导学生关注本节学习的内容，提升他们的兴趣和热情，并结合案例做好相应的知识储备。

环节二：导入新课

教师活动：播放春节档热映电影《第二十条》片段，结合本节教学内容设置讨论问题，将学生对于问题的回答情况计入课程考核体系。①你如何理解电影《第二十条》中"法，不能向不法让步""我们办的不是案子，而是别人的人生"等经典台词？②电影《第二十条》中的法条属于哪部法律？为何我们需要正当防卫制度？

这个环节只是引发学生思考，具体的案例分析和知识点解答在后面的教学环节进行。

学生活动：结合中小学所学法治相关知识，根据《第二十条》电影情节，边看视频边思考，并将课前导入的问题答案发到一体化智慧平台。

设计意图：借助问题链教学法，结合春节档热映电影的热门话题，引发学生对于法治中国建设的思考，引出后面的教学环节，同时为之后的课堂实践活动设下悬念。

环节三：讲授新知1——法治中国建设的总体目标

教师活动：邀请校内嘉宾（辅导员）、校外嘉宾（当地公安局干警）等走进本节课课堂，和学生一起开展关于大学生防诈反诈的课堂讨论——"大家说'法'"，引导学生通过课堂实践活动，得出关于法治中国建设的总体目标的相关学习结论，将学生对于课堂讨论的参与情况计入课程考核体系。

教师：欢迎同学们参与今日大家说"法"的课堂实践活动，根据我校协同育人的机制，本次课程我们邀请的是辅导员X老师和公安干警Z同志，我们讨论的话题是大学生防诈反诈。

辅导员：相信同学们在中小学阶段都参与过反诈宣传相关活动，现在咱们处于本科大一年级阶段，更是应该认识到非法校园贷和电信诈骗的危害性，学会用法律手段保护自己的合法权益。

公安干警：目前校园诈骗案主要涉及六类：刷单诈骗、冒充客服诈骗、网络贷款诈骗、网游交易诈骗、冒充熟人借钱诈骗、裸聊敲诈勒索类。这里要跟同学们分享的是2022年12月1日起实施的《反电信网络诈骗法》，充分体现了党中央要求、人民意愿和实践需要，立足各环节、全链条防范电信网络诈骗，大家平时也要学法、懂法、守法、用法。

学生活动：按照要求参与"大家说'法'"课堂实践活动，与校内、校外嘉宾一起，积极参与关于大学生防诈反诈的课堂讨论，回顾中小学所学知识，结合本节新知讲授内容，理论联系实际，得出相关知识点的学习结论，同时强化自身的反诈意识与法治认同。

学生1：安全我来守，反诈我先行，我们每个人都应该强化自身反诈防诈意识，这不仅可以提升我们的防骗能力，而且还可以助力建设和谐校园、法治校园。

学生2：通过校园反诈防诈的案例，我们学到了国家、政府、社会、学校为了打击电信诈骗付出了很多努力，这不仅维护保障了人民群众的根本利益，同时也彰显了法治中国建设的重要性与必要性。

设计意图：以大学生防诈反诈为主题，从学生们身边的案例出发讲解法治中国建设的相关知识点，增强学生对于全面依法治国的认同感与归属感，激发学生在实际校园生活中运用法律思维、解决法律问题的积极性。

环节四：讲授新知2——法治中国建设的工作布局

教师活动：承接课前导入提到的电影《第二十条》，开展以"案"说法的课堂实践活动，布置学生分组讨论，每组派代表进行发言分享，将学生对于小组讨论及分享的参与情况计入课程考核体系。

看到一体化智慧平台上，同学们都积极参与了关于电影《第二十条》的思考讨论，相信同学们对这个电影以及背后的案例都有自己的见解和感想，请大家分组讨论，并派代表分享自己的观点。

学生活动：结合自身看完电影《第二十条》的感受，挖掘影片中案件的原型，并分组讨论案例背后的法律意义，小组讨论后派代表发言阐述，从而感悟法治中国建设的系统性、整体性和协同性，得出相关知识点的学习结论。

小组代表1：片名中的"第二十条"指的是《中华人民共和国刑法》第二十条。正当防卫是贯穿《第二十条》叙事始终的关键词，想要为当年的正当防卫行为讨说法的公交车司机、因制止校园霸凌而打伤施暴者的中学生以及对村霸忍无可忍怒而反抗的村民都是电影中的典型案例，这部电影加深了我们对正当防卫的深刻认识，也让我们感受到了公平正义的力量。

小组代表2：跟同学们分享一下我们小组查到的资料，刑法中的正当防卫制度在一段时期内没有得到全面地适用。2018年以来，在最高人民检察院直接指导下办理的一系列正当防卫案件，激活了这个沉睡多年的条款，使其保障人民权益的功能得以彰显，比如影片中案例的原型"昆山反杀案""福州赵宇案""涞源反杀案""丽江唐雪案"等。

小组代表3:"法律是让坏人犯罪的成本更高,而不是让好人出手的代价更大。"这部电影启示我们,建设法治中国离不开立法、执法、司法、守法的全过程,作为司法人员应该公正司法,作为青年学子,我们应该更加坚定,法治是我们永远的信仰。

设计意图:通过开展以"案"说法的课堂实践,将热门电影及话题《第二十条》融入课堂教学,增加了知识点讲授的趣味性以及时效性,激发了学生学习的积极性与热情,同时与导入新课环节相承接,增强课堂教学的连贯性。

环节五:巩固提高——建设更高水平的法治中国

教师活动:回顾课前预习的内容新时代推动法治进程2023年度十大案件。让学生分组选取其中一个案件,设计模拟法庭的方案并进行展示,展示的小组个数可以根据课堂时间灵活调整,将学生对于模拟法庭课堂实践的参与及展示情况计入课程考核体系。

学生活动:按照要求熟悉十大案件,分组选取其中一个案件,根据案件背景、审判过程及审判结果设计模拟法庭的方案,组员根据每人选取扮演的角色(法官、检察官、律师、原告人、被告人、书记员等)设计台词,按照法律程序的要求进行模拟审判的预演及展示,展示过程中需注意用语规范及程序流畅,展示后根据案件内容和课堂实践效果得出相关知识点的学习结论。

设计意图:运用情景教学法,开展模拟法庭教学实践活动,让学生们"零距离"接触法律审判程序,熟知相关法律规范,从而提升自身的法律素养与言语表达能力。

(二)课堂小结

教师发言:全面依法治国是坚持和发展中国特色社会主义的本质要求和重要保障,围绕法治中国建设的总体目标,要全面推进科学立法、严格执法、公正司法、全民守法,推动在法治轨道上全面建设社会主义现代化国家。

学生在一体化智慧平台上分享课堂感悟:法治兴则国家兴,法治强则国家强,作为新时代的青年,我们也将与法同行,坚定法治信仰,立足法治实践,筑梦远航,争做堪当民族复兴大任的时代新人。

(三)板书设计

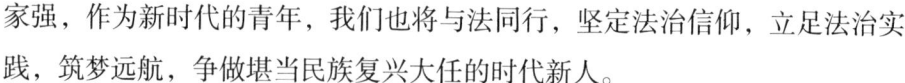

与法同行,筑梦远航
一、大家说"法"——法治中国建设的总体目标
二、以"案"说法——法治中国建设的工作布局
三、模拟法庭——建设更高水平的法治中国

(四)作业设计

结合课程所学,课后学生以小组的形式,按照"行走的法治课堂"实践项目的要求,以"与法治同行"为主题,拍摄短视频作为作业提交到一体化智慧平台,下节课分享讨论。

(五)参考资料

[1]《新时代推动法治进程2023年度十大案件揭晓》,最高人民法院官网,https://www.court.gov.cn/zixun/xiangqing/423912.html.

[2]《中华人民共和国反电信网络诈骗法》,中国政府网,https://www.gov.cn/xinwen/2022-09/02/content_5708119.htm.

[3]《从电影〈第二十条〉看刑法中的正当防卫》,最高人民检察院官网,https://www.spp.gov.cn/zdgz/202402/t20240213_643446.shtml.

[4]《法不能向不法让步,"第二十条"被唤醒》,文汇报,https://baijiahao.baidu.com/s?id=1793002691075427590&wfr=spider&for=pc.

[5]《我们办的不是案子,是别人的人生!》,澎湃新闻网,https://m.thepaper.cn/baijiahao_26421910.

八、教学总结与反思

本次专题教学设计贯彻了党的二十大精神、习近平法治思想的主要内容，运用了多媒体教学法、问题链教学法、讨论法、案例教学法、情境教学法、实践教学法等教学方法，实现了校内校外联动、线上线下联动、理论实践联动，具有一定的创新性和时效性，可以为之后的法治专题教学设计提供参考。

对于大中小学法治教育一体化，如何结合具体的教学实践进行创新与改革，值得进一步思考与研究，此外，下一步的教学安排可以着重结合本校学生的特点，有针对性地改进与完善。

坚持法律面前人人平等

辽宁工业大学　刘凌宇

一、课程基本信息

主讲课程：习近平新时代中国特色社会主义思想概论

使用教材版本：高等教育出版社、人民出版社（2023版）

教材章节出处：《习近平新时代中国特色社会主义思想概论》第九章《全面依法治国》第一节《坚持中国特色社会主义法治道路》

二、教学设计概述

小学和初中阶段的《道德与法治》，以及高中阶段的《思想政治》课程目标中都有一点是树立宪法法律至上、法律面前人人平等、权利义务相统一的理念，大学阶段的《习近平新时代中国特色社会主义思想概论》第九章的教学目标中有一点是希望学生通过本章的学习掌握走中国特色社会主义法治道路必须坚持的基本原则，其中一个原则就是坚持法律面前人人平等。进行法治教育是思政课的历史责任和使命担当，在大中小学思政课中循序渐进地推进法治教育，对提高各级各类人才的法治素养具有重大而深远的意义。所以本次专题教学设计选择以"坚持法律面前人人平等"为题目。

本专题以"大学生掏鸟案"为例，尊重学生成长规律，科学分层法治内容。

小学阶段重在培养学生的道德情感。小学阶段学生的感性思维较强，记忆能力突出，可以让小学生通过案例了解相关法律条文，例如《中华人民共和国宪法》第33条第2款规定"中华人民共和国公民在法律面前一律平等"，第4款规定"任何公民享有宪法和法律规定的权利，同时必须履行宪法和法律规定的义务"等，既可以让小学生增长法律知识，逐步提高法治素养，还可以同时让小学生从情感层面认同中国是法治国家。初中阶段重在打牢学生的思想基础。通过案例中的判决结果，让初中生明确中国是法治国家，树立制度自信，形成初步的宪法意识、法治观念等。高中阶段重在提升学生的政治素养。案例中闫啸天虽是一名年轻的大学生，但在中国一旦违法犯罪，无论是何国籍，身居何位，执法机关都会一视同仁、依法处理。这让高中生更加坚信国家实行的是依法治国，无法外之地，更无法外之人，任何组织和个人都必须尊重宪法法律权威，都必须在宪法法律范围内活动，都必须依照宪法法律行使权力或权利、履行职责或义务，都不得有超越宪法法律的特权；让高中生相信依法治国下的中国能够实现公平正义，树立宪法法律至上、法律面前人人平等观念，进一步增强法治意识。大学阶段重在增强学生的使命担当。在培养学生的社会主义法治思维过程中激发学生自身责任意识，尊重和维护宪法法律权威，识大局、尊法治、修美德，矢志不渝听党话跟党走，争做社会主义合格建设者和可靠接班人。

三、学情分析

小学生具备一定的理解能力、认知能力和道德修养，可以理解案例涉及的法律条文，通过案例讲解可以达成情感认同，初步了解法律面前人人平等。

初中生则已经逐渐形成三观，具有一定判断能力，具有一定的法律常识，会关注社会热点新闻，因此会对本专题案例更感兴趣。所以本专题可以更好激发学生学习兴趣，同时使其通过案例分析掌握什么是法律面前人人平等。

高中生对法治有一定的认识，但是认知程度存在一定差异，对法治重要性和意义缺乏深刻理解，同时对政治课的兴趣不高，但对下一阶段的大学生活很向往。所以，选择"大学生掏鸟案"可以更好吸引学生的注意力，提高课堂理论教学效果。

大学生思维活跃，而且上过思修课，所以对法治问题有一定的知识储备，为本节课的学习打下了坚实的基础。虽然大学生有一定独立思考能力和分析问题能力，但是对问题缺乏总体深入认识，所以通过理论学习可以认识到平等是社会主义法律的基本属性，是社会主义法治的基本要求。

四、教学目标

（一）核心素养目标

1. 义务教育阶段：

政治认同：认同中国是法治国家。

道德修养：做到明大德、守公德、遵法纪、严私德，树立积极正确的思想观念。

法治观念：真正在日常生活中遵守法律、尊重法律、应用法律，发挥法律在社会中的积极作用。

健全人格：形成健康的人格，养成健康的生活习惯，热爱生活、关心国家和社会，能够正确地认知自我、规划自我。

责任意识：正确行使法律权利践行法律义务，成为合格的社会主义接班人。

2. 高中阶段：

政治认同：相信依法治国下的中国能够实现公平正义。

科学精神：明确法治要立足国情、从实际出发。

法治意识：树立法治意识，认识到每个公民都是法治社会建设的主体，从内心信仰和尊崇宪法法律。

公共参与：把法律精神、法律原则、法律规范内化为日常的行为习惯，自觉做到尊法学法守法用法。

3. 大学阶段：

掌握依法治国等政治概念，积极参与政治生活，维护国家利益。具备一定的法律意识和法律知识，能够通过法律保护自身权益，同时具备对社会问题的思考、判断和解决的能力。

（二）知识目标

1. 小学阶段：能够判断出哪些行为是违法行为，明确在中国每一个人都必须尊法守法，树立法治意识。

2. 初中阶段：了解"法律面前人人平等"是现代法律的基本精神，是我国社会主义法治的一条基本原则，这一基本原则贯穿于我国的整个法律体系中。

3. 高中阶段：明确法律面前人人平等的意义。

4. 大学阶段：掌握坚持走中国特色社会主义法治道路必须坚持的基本原则，明确平等是社会主义法律的基本属性，是社会主义法治的基本要求。

五、教学重点难点

（一）教学重点

1. 小学阶段：初步理解公平的意义与要求。

2. 初中阶段：掌握公民在法律面前人人平等的三方面内容。

3. 高中阶段：掌握法律面前人人平等的涵义。

4. 大学阶段：明确平等是社会主义法律的基本属性，是社会主义法治的基本要求。

（二）教学难点

1. 小学阶段：初步建立法律面前人人平等的观念。

2. 初中阶段：明确公民在法律面前人人平等原则是社会主义法治的基本原则。

3. 高中阶段：明确公民在法律面前人人平等原则的现实意义。

4. 大学阶段：走中国特色社会主义法治道路如何坚持法律面前人人平等。

六、教学设计总体思路

结合实际教学资源、课程特点及学生特点，教学方法上以讲授法和多媒体教学法为主，启发式教学法、案例教学法、线上线下混合教学法相配合。

运用讲授法以《民法典》的适用对象问题导入，导入新课主题——坚持法律面前人人平等。通过"大学生掏鸟案"以及相关法条的科普，让小学生了解到售卖国家保护动物是违法行为，法律面前人人平等，我们既享有权利，也必须履行宪法和法律规定的义务，应当保护国家保护动物，而不应该去捕捉、售卖。这部分围绕小学《道德与法治》六年级上册第一单元第一课《感受生活中的法律》讲解。

本案被告人是年轻的大学生，因这种特殊的身份，曾有人认为其在定罪量刑上似乎应当得到司法机关的从宽处理。这种观点是对法治精神的严重误解。我国是法治国家，走中国特色社会主义法治道路，坚持"法律面前人人平等"的原则，既然闫啸天已经成年，就应当负完全刑事责任。法律从未规定在校大学生犯罪可以被"法外开恩，网开一面"。相反，一个成年的大学生，并非无知少年，更应看清和远离法律红线。这也说明了在法律面前没有特殊公民，任何践踏法律的行为必将受到法律的制裁。通过这一点让初中生树立起反对适用法律过程中所存在的各种特权现象和歧视行为，更进一步了解到法律面前人人平等不仅是权利平等也要做到义务平等。这一部分围绕初中《道德与法治》八年级下册第四单元第七课第二目《法眼看平等》讲解。

当年还有人认为，对闫啸天等人的刑罚过重。如果单从字面上看"掏鸟"二字，很容易让人们产生一种"这有什么"的错觉，但是，这里的"鸟"，是国家二级保护动物，闫啸天和王亚军的"掏"准确地说应该是"盗猎"行为。侦查阶段，闫啸天曾承认自己知晓其售卖的鸟是隼，也知道是国家保护动物。出售时留下的聊天记录、手机信息等也证明他是明知故犯。至于同伴王亚军，也对找隼窝抓幼鸟的事心知肚明。所以对闫啸天依法判刑体现了公平正义得到切实维护和实现，这体现了在执法方面法律面前人人平等。同时，曾作为本案判决依据的司法解释，已于2022年4月被废止，取而代之的是两高《关于办理破坏野生动物资源刑事案件适用法律若干问题的解释》。该解释一如既往强调保护野生动物的同时，要求"在认定是否构成犯罪以及裁量刑罚时"，应当考虑"物种的濒危程度""对野生动物资源的损害程度"等情节，"综合评估社会危害性，准确认定是否构成犯罪，妥当裁量刑罚，确保罪责刑相适应"，这也体现了司法的与时俱进，也是我们不断全面推进依法治国的具体实践。这一部分可以围绕高中必修三《思想政治》第三单元第七课第二框《全面推进依法治国的总目标与原则》讲解。

2023年5月27日闫啸天刑满释放，作为强国一代的大学生则应当深刻汲取其教训，远离红线雷区，进一步增强法治意识，坚定走中国特色社会主义法治道路，坚持法律面前人人平等，携手保护野生动物，共同维护生态文明。这一部分围绕《习近平新时代中国特色社会主义思想概论》第九章第一节第二个问题《全面依法治国的唯一正确道路》讲解。

七、教学过程

（一）教学流程设计

环节一：导入

教师活动：问题式导入新课。《民法典》的适用对象是谁呢？全体公民。但是我国还有《中华人民共和国妇女权益保障法》《中华人民共和国老年人权益保障法》适用的不是全体公民，适用的是特殊人群，那这是不是权利就不平等，就偏向某些人了呢？并不是的，因为特殊人群基于不同原因，在实现权利方面存在局限和不足，因此国家制度以一种特殊的保护方式，让权利真正实现起来更平等。同学们要牢记平等是社会主义法律的基本属性，是社会主义法治的基本要求。所以，我们今天要学习的就是——坚持法律面前人人平等。

学生活动：认真听讲。

设计意图：吸引学生注意力，导入新课。

环节二：提问

教师活动：

1. 幻灯片案例展示。

2014年夏天，郑州职业技术学院大一学生闫啸天回到家乡——河南新乡辉县市高庄乡，和同乡的王亚军分两次掏了两窝共16只小鸟，并通过网络售卖。经鉴定，其中14只小鸟为国家二级保护动物燕隼，另两只为隼形目隼科动物。2015年，辉县市人民法院一审判决闫啸天犯非法收购、猎捕珍贵、濒危野生动物罪，判处有期徒刑10年半；王亚军犯非法猎捕珍贵、濒危野生动物罪，判处有期徒刑10年。因为表现良好，闫啸天服刑期间3次获减刑，共服刑8年10个月。2023年5月27日，河南"大学生掏鸟案"当事人闫啸天刑满释放。

2. 给学生普及与案例相关的法律知识。

引导学生发现大学生掏的鸟是野生保护动物，大学生闫啸天的行为触犯了刑法，是违法行为。我们应当保护动物。让学生初步了解法律面前人人平等，任何人触犯宪法法律都要受到法律制裁。

3. 根据案例向不同学段学生提出问题。

①小学生的问题：大学生闫啸天违法了吗？为什么？

②初中生的问题：大学生在法律面前有特权吗？

③高中生的问题：对大学生的"掏鸟"行为是否判决过重？为什么坚持法律面前人人平等？

④大学生的问题：同为大学生你怎样看待闫啸天的行为？

4. 对学生的回答逐一给予评价。

学生活动：

1. 认真阅读案例。

2. 思考并回答教师提出的问题。

设计意图：让小学生了解什么是法律，能够准确判断哪些是违法行为。让初中生认识到法律面前无特权，无论什么身份，都必须严格遵守国家的法律。一旦违了法、犯了罪，无论是谁都要受到法律的制裁，不允许任何人超越法律之上，享有法律以外的特权。让高中生掌握法律面前人人平等的涵义与意义。让大学生认识到平等是社会主义法律的基本属性，是社会主义法治的基本要求。

环节三：分享

教师活动：

1. 根据不同学段学生的生活经历、知识储备设计不同的互动分享主题。

①让小学生举例讲一讲日常生活中还有哪些行为属于违法行为。

②让初中生分享自己所了解的法律面前人人平等的案例。

③让高中生讲一讲课前预习了解到的全面依法治国的其他原则。

④让大学生讲一讲坚持法律面前人人平等需要注意什么。

2. 对学生参与互动分享的行为给予鼓励和支持，对学生的分享内容进行正确引导。

3. 结合案例做知识点总结。

学生活动：

1. 认真思考，积极参与互动分享。

2. 做好课堂笔记。

设计意图：互动分享可以激发学生自主思考问题，更积极参与到课堂中。通过学生自己的分享，让小学生认识到法律不仅保护我们的权益，也规定了我们的义务；让初中生认识到公民在法律面前一律平等的表现，即平等地享有权利，平等地履行义务，合法权益平等地受到法律保护，违法或犯罪行为平等地予以追究；让高中生掌握全面依法治国的五大原则；让大学生认识到法律面前人人平等不是口号，而应是持久的努力和耐心。

环节四：讨论

教师活动：

1. 组织学生进行分组讨论，并要求学生讨论结束后分组汇报讨论结果。

①小学生讨论题目：讲一讲自己知道或是经历过的与法律有关的故事，说说它带给我们什么启示？

②初中生讨论题目：有人认为我们现在不满18周岁，不享有选举权和被选举权，这与法律面前人人平等原则不相符，你如何看待这个问题？

③高中生讨论题目：贯彻全面依法治国原则有哪些积极意义呢？

④大学生讨论题目：当代大学生在未来生活和工作中，如何坚持法律面前人人平等原则呢？

2. 对学生汇报内容进行总结。

学生活动：

1. 分组进行讨论。

2. 分组进行汇报。

设计意图：让小学生认识到法律面前人人平等，人人依法享有权利，人人依法履行义务；让初中生认识到法律面前人人平等原则是社会主义法治的基本原则；让高中生明确贯彻全面依法治国五大原则的积极意义是有利于保证依法治国的正确方向，有利于建设中国特色社会主义法治体系，建设社会主义法治国家，促进国家治理体系和治理能力现代化；让大学生认识到在未来工作生活中必须维护国家法治统一、尊严、权威，切实保证宪法法律的有效实施。

(二) 课堂小结

本讲以"大学生掏鸟案"为案例，针对大中小不同学段的学生通过问题导入，引出相应学段的知识点，通过对学生引导、让学生互动分享讨论，让学生自己找到问题答案，学习到新知识。对学生自身而言这种成就感会令其记忆深刻，可以有效提高教学效果。

(三) 作业设计

（小学）周末在小区里做一名普法宣传员。

（初中）请结合现实生活谈谈坚持法律面前人人平等的表现。

（高中）请结合现实生活谈谈坚持法律面前人人平等的意义。

（大学）在未来的工作和生活中如何坚持法律面前人人平等？

(四) 参考资料

［1］中央宣传部、中央依法治国委员会办公室：《习近平法治思想学习纲要》，人民出版社、学习出版社，2021年。

［2］中共中央文献研究室：《习近平关于全面依法治国论述摘编》，中央文献出版社，2015年。

［3］习近平：《坚持走中国特色社会主义法治道路更好推进中国特色社会主义法治体系建设》，《求是》，2022年第4期。

［4］中华人民共和国教育部：《普通高中思想政治课程标准（2017年版

2020年修订）》，人民教育出版社，2020年。

[5] 中华人民共和国教育部：《义务教育道德与法治课程标准（2022年版）》，北京师范大学出版社，2022年。

八、教学总结与反思

本节课充分利用了课堂教学资源，基本达到了预设的教学目标。下面总结一下本节课的不足之处。

（一）存在的问题

1. 教学理念

以学生为中心的理念不够突出。在本次课程中，虽有设计学生参与课堂环节，但学生参与机会还是较少。教师讲得多，学生参与少，学生就会很容易出现注意力不集中的问题。

2. 教学方法

本节课虽然选择了社会热点案例（与大学生相关的案例），但却没能选到与大学生专业相关联的案例，可能会导致部分学生没能及时跟上教学节奏。

（二）改进的目标

1. 今后给予学生更多参与课堂的机会，教师应逐渐成为教育引导者，所以更应该增加翻转课堂环节，提高课堂教学效果。

2. 今后教学中还应尽量选择与学生所学专业相关联的案例，这样可以更精准地吸引学生的注意力，教学效果也会事半功倍。

守护法治根基：深入理解与践行宪法

辽宁工程技术大学　张秋实

一、课程基本信息

主讲课程：思想道德与法治

使用教材版本：高等教育出版社（2023版）

教材章节出处：《思想道德与法治》第六章《学习法治思想，提升法治素养》第三节《维护宪法权威》

二、教学设计概述

"维护宪法权威"是高等教育《思想道德与法治》2023版教材中的一节重要内容，本课有三个板块，分别是："我国宪法的形成和发展""我国宪法的基本原则""加强宪法实施和监督"，本课对应的课程内容：了解宪法作为根本大法在现代法治国家中的重要地位，以及宪法修改的逻辑、流程和实际意义。理解宪法的基石作用，宪法的基本原则以及宪法实施和监督的重要性。掌握我国宪法的形成与发展，特别是1954年宪法和1982年宪法的关键地位和内容。通过本课的学习，学生将深入理解宪法产生的历史沿革、核心价值，掌握维护宪法权威的基本方法，并能够在日常生活中自觉践行宪法精神，为国家的法治进步和社会和谐稳定贡献自己的力量。

"维护宪法权威"是《思想道德与法治》课程的重要内容。宪法权威、法治建设是国家最为关注的问题，维护宪法权威、推进法治进程是公民的责任。通过本课的教学使学生理解我国宪法的核心地位和基本内容；理解国家的长期稳定、社会的和谐有序以及公民的基本权利和自由都离不开宪法的保障；做到在日常生活中自觉维护宪法权威，遵守宪法和法律。因此，本课程在《思想道德与法治》课中具有不容忽视的重要地位，它将为后续关于"自觉尊法学法守法用法"等学习内容奠定基础。

三、学情分析

（一）知识储备

大学生普遍已接触过相关的政治课程，对宪法和法律体系有初步的了解。然而，对于宪法权威的核心内涵及其在实践中的具体应用，他们可能仍感模糊，需要进一步深化理解。

（二）学习态度

高等教育阶段的学生倾向于自主学习和批判性思考，他们渴望在课堂上获得更多互动与思考的机会，而非仅仅作为信息的被动接受者。因此，教学应注重激发学生的主动性和参与感。

（三）实践经验

多数大学生虽然已积累一定的社会实践经验，但在对宪法权威的理解及其在实际生活中的应用方面，他们往往显得较为生疏。为此，课程需通过案例分析或实践活动，帮助学生深入理解和应用相关知识。

（四）兴趣点

大学生通常对社会政治问题抱有浓厚兴趣，但同时也可能觉得宪法和法律理论知识较为枯燥。因此，课程设计应注重创新性和吸引力，采用多样化的教学方法和生动有趣的课程内容，以激发学生的学习兴趣和积极性。

四、教学目标

（一）知识与能力

知识方面：在课堂上，学生将通过教师的系统讲授，全面了解我国宪法的形成和发展历程，包括不同时期的主要宪法事件和重要修订内容，从而深刻把握宪法的历史演变和成长脉络。学生将通过深入学习和类比举例，准确理解我国宪法在法律体系中的核心地位及其所承载的基本原则，进而领会宪法的核心要义与法治精神。

能力方面：在案例研讨与互动中，学生将逐渐培养出分析问题、解决问题的实际能力，能够熟练运用宪法知识来剖析和应对现实生活中的法律问题，从而提升批判性思维和问题解决技巧。通过以不同学科原理进行问题分析的方式，学生将学会从不同学科视角审视问题，深刻理解宪法权威对于社会全面发展的重要作用，进而提升其跨学科思维和综合素养。

（二）过程与方法

本课程通过引导思考、讲授、互动讨论和案例分析等多种方法，引导学生逐层深入理解宪法的核心地位、历史沿革、基本原则及实施监督。学生通过参与讨论、比较不同类型宪法特点，培养批判性思维；通过回顾历史、分析案例，树立法治观念。全程注重师生互动，激发学生学习兴趣，使其在深入理解宪法的同时，增强宪法意识和法治观念。

（三）情感、态度与价值观

通过课堂讲授，使学生达到愿意矢志不渝听党话跟党走，增强社会责任感和法治意识的目标。学生通过典型案例分析和课后实践指导活动，形成牢固的爱国情怀和民族自豪感，有信心成为社会主义合格建设者和接班人；在学习过程中，形成对宪法的尊重和维护意识，认识到宪法权威对于国家稳定和社会发展的重要性。

五、教学重点难点

（一）教学重点

1. 掌握我国宪法的形成和发展历程，包括重要历史节点和关键修订事件。理解宪法的形成背景和发展脉络。理解我国宪法在法律体系中的核心地位及其所体现的法治理念和基本原则。

2. 理解宪法作为国家的根本大法，在保障公民权利、规范国家权力等方面的重要作用，培养学生的法治意识和宪法精神。

（二）教学难点

1. 理解并掌握加强宪法实施和监督的具体方法和途径。建立对宪法监督机制的直观认识，深入思考并理解宪法实施和监督的重要性。

2. 揭示宪法权威在实践中的具体展现，带领学生观察并评估宪法实施和监督的实际效果，鼓励学生提出改进建议，增强其对宪法权威的实际感知与理解。

六、教学设计总体思路

本节课在教学过程中采用了如下的教学环节：引导思考（三连问导入）→宪法在国家法治体系中的地位讲解→我国宪法的形成与发展历程介绍→宪法修改的原因与修正案实例分析→宪法基本原则的剖析→加强宪法实施与监督的途径探讨→课堂小结与作业布置。

首先通过引导性的问题，激发学生对宪法重要性的初步认识，为后续教学内容的展开做铺垫；讲解宪法的产生、发展及其在国家治理中的核心作用，通过对比分析，使学生深刻理解我国宪法的独特性。其次，通过历史案例与时事热点的结合，引导学生深入思考宪法的实践价值。本课重点关注学生对我国宪法基本原则的理解，以及对加强宪法实施与监督途径的掌握。最后，通过课堂小结与作业布置，帮助学生巩固所学知识，鼓励其继续关注宪法领域的动态。整节课注重学生的主体作用，关注学生的体验与感悟，力求使学生全面、深入地了解宪法，形成正确的法治观念，为成为遵纪守法的好公民打下基础。

七、教学过程

（一）教学流程设计

环节一：课程导入

教师活动：

1. 以上节知识点"立法环节是法律运行的关键性起始环节"为切入点，复习并引导学生逐层思考如下问题：

第一，在众多法律规范中，有没有居于统领性地位的法律规范？

第二，根据立法主体的权力位阶，哪种规范性法律文件的效力位阶最高？

第三，为何宪法被冠以"根本大法"的称号？

2. 宪法是由现代法治国家的权力机关制定的最重要的法，是居于统领地位的根本法。

3. 转入新课讲解。

学生活动：

1. 思考并与身边同学讨论教师提出的问题。

2. 个别回答，补充完善，课堂计分。

设计意图：通过逐层深入的"三连问"，使学生对宪法的核心顶层地位、制定产生初步印象，为后续宪法相关知识的讲解奠定心理准备。

环节二：宪法是依法治国、执法执政的定盘星

教师活动：

1. 讲授在"四个全面"战略布局协调推进的大背景下，坚持全面依法治国首先要坚持依宪治国，坚持依法执政首先要坚持依宪执政，坚持宪法确定的中国共产党领导地位不动摇，坚持宪法确定的人民民主专政的国体和人民代表大会制度的政体不动摇。

2. 为什么宪法会如此重要？宪法是自古以来就有的吗？

3. 讲授从封建专制到宪法概念出现的历史脉络，引导学生理解宪法概念出现的进步意义。

4. 讲授我国宪法是社会主义宪法，是国家根本法。介绍英美不成文、柔性宪法与我国成文刚性宪法的区别。进而点明我国"宪法"与西方"宪政"的本质区别，引导学生抵制思维陷阱和错误观念。

5. 我国宪法的重要地位是如何体现的？

学生活动：

1. 了解宪法产生的历史沿革、理论分类，理解社会主义宪法的本质。

2. 参与讨论宪法重要性的日常体现。

3. 理解我国宪法是治国的总章程，是国家各项制度和法律规范的总依据，规定了国家的根本制度。

设计意图：本环节通过多样化教学手段，引导学生深入理解宪法权威及其实践。让学生通过互动讨论，探索宪法的意义及权威作用；通过比较的方法，培养批判性思维，巩固法治意识和社会责任感。同时，注重课内外知识衔接，开阔学生视野，形成全面深刻的宪法精神理解，为后续学习奠定基础。

环节三：我国宪法的形成与发展

教师活动：

1. 中国共产党领导下制定宪法性文件的探索实践有哪些？新中国成立以来颁布过几部宪法？我国现行宪法是哪一年颁布的？

2. 讲授新民主主义革命阶段实施人民宪法的探索和实践。

3. 讲授中华人民共和国的宪法实践。

学生活动：

1. 结合其他已修思想政治理论课程内容，回答问题。

2. 了解1931年《中华苏维埃共和国宪法大纲》和1946年《陕甘宁边区宪法原则》的制定。

3. 学习掌握新中国成立后颁布的1949年《中国人民政治协商会议共同纲领》以及1954年、1975年、1978年、1982年颁布的四部宪法。

4. 学习掌握1954年宪法是中华人民共和国的第一步宪法。

5. 学习掌握我国现行宪法是1982年颁布的宪法，至今已修订过五次。

设计意图：通过师生互动，引导学生回顾中国共产党领导下的宪法性文件制定历程，理解我国宪法形成与发展的历史脉络。通过讲授新民主主义革命阶段及新中国成立后各阶段的宪法实践，使学生掌握关键宪法文件的颁布时间及其历史意义，特别是深刻认识1954年宪法的奠基作用和1982年现行宪法的核心地位，从而培养学生的历史观和法治意识，为后续深入学习宪法内容和原则奠定基础。

环节四：我国现行宪法的修改

教师活动：

1. 回顾法律的运行环节，分析宪法是否可以频繁制定或修改？为什么？

2. 法国大革命期间的《人权与公民权宣言》由于政治局势的急剧变化和不同政治派别之间的激烈斗争，经历多次的修改和补充。这使得普通公民难以理解和遵守法律，也无法预期自己的行为后果的负面效果。引导学生理解核心宪法性规范不宜频繁修改。

3. 讲授我国现行宪法已进行过五次修订以及2018年宪法修正案的主要内容。

4. 请大家思考对宪法进行修订的原因是什么？不修订行不行？

5. 结合学生前序已修《习近平新时代中国特色社会主义思想概论》课程的相关内容，结合学生所在专业的知识体系发展逻辑，以现行宪法的历次修订内容为例，讲解这些修订背后所体现的发展变化逻辑。

学生活动：

1. 参与对宪法制定或修改逻辑和流程的讨论。

2. 学习理解宪法的修改一般是以宪法修正案的形式进行修订和增补的。了解现行宪法五个修正案的修订内容对照。重点学习了解2018年宪法修正案的主要内容。

3. 从不同学科角度，参与讨论并回答"宪法也要与时俱进"不断修订的原因。

设计意图：使学生通过对宪法在国家法治中根本性、全局性的把握，理解宪法的制定和修改是极其审慎的国之大事。同时跨学科结合马克思主义基本原理，使学生理解宪法不是一成不变的，需要与时俱进不断完善更新的道理。结合《习近平新时代中国特色社会主义思想概论》课程内容，使学生理解宪法的修订是新时代党和国家事业发展的新成就、新经验和新要求的必然反映，懂得用发展的眼光看问题，最终懂得观察分析自己的专业领域，洞察专业前沿动向，并与时俱进。

环节五：我国宪法的基本原则

教师活动：

1. 讲授党的领导原则。

2. 中国共产党为什么行？中国特色社会主义法治建设为什么好？

3. 讲授人民当家作主原则。

4. 人民当家作主是如何体现的？

5. 讲授尊重和保障人权原则和社会主义法治原则。

学生活动：

1. 理解中国共产党是中国特色社会主义事业的领导核心，是中国特色社会主义最本质的特征。

2. 参与"人民当家作主的日常表现"话题讨论，理解我国人民当家作主是社会主义民主政治的本质和核心。

3. 学习并掌握我国公民的基本权利和自由的内容。

4. 学习理解宪法法律至上、法律面前人人平等、推进国家各项工作法治化、维护社会公平正义、维护社会主义法制的统一、尊严、权威。

设计意图：通过讲授与互动讨论相结合的方式，使学生全面理解我国宪法的基本原则。通过详细阐述党的领导原则，辅以案例分析，强化学生对中国共产党领导核心地位及其在中国特色社会主义法治建设中重要性的认识。通过互动探讨人民当家作主的体现，引导学生深刻理解我国社会主义民主政治的本质。介绍尊重和保障人权原则以及社会主义法治原则，使学生掌握公民基本权利和自由的内容，树立宪法法律至上、法律面前人人平等的法治观念，进而推动学生形成全面、深刻的法治意识和社会责任感。

环节六：加强宪法实施和监督

教师活动：

1. 讲授坚持依宪执政、坚持依法立法、坚持严格执法是宪法实施的保障。

2. 讲授完善宪法监督要通过健全人大工作机制、健全宪法解释机制、健全备案审查机制、健全合宪性审查机制等手段进行。

3. 从"辽宁贿选案"和"全国人大常委会对香港基本法第104条释法"两个典型案例入手，分析保障和监督宪法有效实施的重要意义。

学生活动：

1. 理解加强宪法实施的途径。

2. 理解完善宪法监督的相关机制，了解相关反面警示案例带来的反思。

设计意图：

通过讲授与案例分析，让学生理解加强宪法实施和监督的必要性及途径。介绍依宪执政、依法立法、严格执法等保障措施，完善宪法监督机制，构建完整框架。分析"辽宁贿选案"和"全国人大常委会对香港基本法第104条释法"案例，让学生理解保障和监督宪法实施的重要性，引发深刻反思，增强宪法意识和法治观念，促进维护宪法权威。

（二）课堂小结

本节课，教师通过深入浅出的方式，引导学生逐步认识到宪法在国家法治体系中的核心地位。从课程伊始，教师便通过三连问的形式，激发学生对宪法重要性的初步认识，为后续教学内容的展开奠定坚实的基础。

在教学过程中，教师详细讲解了宪法的产生、发展及其在国家治理中的关键作用。通过对比分析不同宪法的特点，使学生对我国宪法的独特性有了更深刻的理解。同时，教师结合历史案例和时事热点，引导学生深入思考宪法在实践中的应用与价值。

本节课的重点在于理解并掌握我国宪法的基本原则和加强宪法实施与监督的途径。为此，教师采用了案例分析、互动讨论等多种教学方法，以激发学生的学习兴趣并提高他们的学习效果。学生们在课堂上积极参与讨论，对宪法的认识得到了进一步深化。

通过学习，学生们不仅了解了宪法的理论知识和实践应用，还增强了法治意识和社会责任感。这有助于将所学知识运用到实际生活中，自觉遵守宪法和法律，为维护社会稳定和法治建设贡献自己的力量。同时，教师鼓励学生继续关注宪法领域的最新动态，培养他们的自主学习能力和批判性思维。

总之，本节课通过丰富多样的教学内容和灵活多变的教学方法，使学生们对宪法有了更全面、更深入的了解。这不仅有助于他们形成正确的法治观念，也为他们未来成为遵纪守法的好公民奠定了坚实的基础。让我们携手共进，为建设法治社会贡献自己的一份力量！

（三）板书设计

守护法治根基：深入理解与践行宪法

一、宪法是依法治国、执法执政的定盘星
（一）宪法概念的产生 ┐
　　　　　　　　　　├ 我国宪法是社会主义宪法，是国家根本法。
（二）宪法的理论分类 ┘

二、我国宪法的形成与发展
（一）新民主主义革命阶段的探索与实践 ┬《中华苏维埃共和国宪法大纲》
　　　　　　　　　　　　　　　　　　└《陕甘宁边区宪法原则》

（二）新中国成立后的宪法实践
1. 一个宪法纲领性文件：《中国人民政治协商会议共同纲领》
2. 四部宪法：1954、1975、1978、1982
3. 我国的第一部宪法：1954年宪法
4. 我国的现行宪法：1982年宪法

（三）我国现行宪法的修改
现行宪法的五次修订：1988、1993、1999、2004、2018

三、我国宪法的基本原则
1. 党的领导原则
2. 人民当家作主原则
3. 尊重和保障人权原则
4. 社会主义法治原则

四、加强宪法实施和监督
（一）加强宪法实施
1. 依宪执政
2. 依法立法
3. 严格执法

（二）完善宪法监督
1. 人大工作机制
2. 宪法解释机制
3. 备案审查机制
4. 合宪性审查机制

（四）作业设计

1. 结合本节知识点分析"宪法的生命在于实施，宪法的权威在于实施"这句话的意思，并将观点发布在网络教学平台的讨论区中。

2. 根据网络教学平台发布的课后实践指南项目列表，选择一项参与实施，并根据实践中观察到的法治现象，结合本节内容进行分析。实践报告使用统一模板，课程结束前提交。

（五）参考资料

[1] 习近平：《高举中国特色社会主义伟大旗帜 为全面建设社会主义现代化国家而团结奋斗 在中国共产党第二十次全国代表大会上的报告》，人民出版社，2022年。

[2] 任仲文：《讲好中国共产党故事》，人民日报出版社，2021年。

[3] 谢春涛：《中国共产党为什么能？》，新世界出版社，2017年。

[4] [德] 格奥尔格·耶里内克：《人权与公民权利宣言》，商务印书馆，2013年。

[5]《为什么"能"？为什么"行"？为什么"好"？答案在这里!》，澎湃新闻，2019年5月12日。

[6]《为全面建设社会主义现代化国家提供有力法治保障》，https：//haokan.baidu.com/v?pd=wisenatural&vid=12974846402188613577.

[7]南林思政播报室：《第八期："中国特色社会主义为什么好"》，https：//www.bilibili.com/video/BV1eQ4y1z7vU/?vd_source=bbc65eb55d62c2eadb2f6331bbae898e.

[8]《全国人大常委会对香港特别行政区基本法104条的解释》，https：//www.npc.gov.cn/npc/c12434/c16114/c16115/201905/t20190521_280485.html.

[9]《辽宁拉票贿选案》，https：//https：//tv.cctv.com/2017/01/05/VIDEVuczCdVlip8wgzUZ0rqZ170105.shtml.

[10]《我国现行宪法的五次修正（知识链接）》，http：//society.people.com.cn/n1/2022/1201/c1008-32578244.html.

[11]《中华人民共和国宪法修正案》诞生记，http：//politics.people.com.cn/n1/2018/0313/c1001-29864286.html.

八、教学总结与反思

本教学设计强调以学生为中心，设计案例分析、课堂讨论和实践活动。学生积极参与，对内容兴趣浓厚，学习效果显著。但教学中仍有问题待解决。

首先，宪法权威等概念对学生来说较抽象，教学案例未必能完全解决理解问题。因此，需采用分层级式教学案例以适应不同学生。未来教学中，我将增加这类案例，加强其与日常生活和社会实践的联系，提升学生学习兴趣和理解能力。

其次，个别学生课堂参与度需提高。未来计划灵活使用智慧课堂和信息化教学手段，确保每位学生受益，提供更多参与机会，激发学习积极性。

情感目标培养需长期投入。教师需通过引导培养学生社会责任感和法治意识。目前无法有效量化情感目标达成度。未来，我将更关注情感态度，探索量化手段，引导学生树立正确观念。

培育大学生坚定走中国特色社会主义法治道路的自信

辽宁师范大学　曲　烽

一、课程基本信息

主讲课程： 习近平新时代中国特色社会主义思想概论

使用教材版本： 高等教育出版社、人民出版社（2023版）

教材章节出处： 《习近平新时代中国特色社会主义思想概论》第九章《全面依法治国》第一节《坚持中国特色社会主义法治道路》

二、教学设计概述

根据《大纲》和思政课一体化"循序渐进，螺旋上升"总体要求，深刻理解习近平新时代中国特色社会主义法治思想的核心要义、精神实质、丰富内涵、实践要求，引导学生深刻掌握这一思想的理论逻辑、历史逻辑、实践逻辑，增进政治认同、思想认同、情感认同，提升运用马克思主义立场、观点、方法认识问题、分析问题和解决问题的能力，切实做到学思用贯通、知信行统一，培养学生成为担当民族复兴大任的时代新人。本课设计了"知·能·情·行"一体的教学目标，结合学生专业知识，实现思政课程和课程思政的协同并进，通过整合专业内容的借题发挥和联系时事政治优化供给；通过创新教学方式，采取多种方式展现思政任务驱动、主题讨论、事实访谈等，增强思政趣味性；通过"问题链"贯通的课堂实践，实现德育和智育相统一，在实践中体现思政"味道"；通过过程性评价和终结性评价相结合的评价方式，将家国情怀和爱国主义有机贯通。在设计中，突出展现以下两方面理念：

1. 重视开展基于"OBE"理念的成果导向教育

本课程以学生为中心，采用逆向思维的方式建构课程，是基于"OBE"理念的成果导向性教育。课前走入生活，用实例导入，让学生基于真实情境构建知识，激起学习兴趣；课中体验主体性，教师以问题为驱动，学生分组讨论，激活知识的学习；课后布置思考题目和需要查阅的参考文献，充分调动学生的积极性，提升学生分析问题、解决问题的能力，培养学生创新精神和实践能力，提高学科核心素养。

2. 重视思政元素与知识传授的有机融合

（1）课堂导入环节引导理论与生活实际相结合，激发学生民族自豪感和自信心，从而使其坚定中国特色社会主义理想信念。

（2）"问题链"的构建及多维解析，有利于引导学生感知科学品质和报效祖国的拳拳赤子之心，培养学生家国情怀与献身精神。

三、学情分析

本课程的教学对象是大学本科一年级新生，在此之前，学生们接受到的法治教育可以分为小学、初中和高中阶段：小学阶段的法治教育贴近小学生们的现实生活，让学生从现实生活中对法律、法治产生直接印象，这一阶段的法治教育以学生对法律、法治的感性认识为主；初中阶段的法治教育开始引导学生们学习了解相关的法律法规及法治观念，落实到现实生活中则强调运用法律武器来保护自己的合法权益，随着学生年龄的增长和理解能力的提升，这一阶段的法治教育虽然以感性认识为主，但已经加入了法治观念等相对抽象的内容，相较于小学阶段，初中阶段法治教育的理论性得到提高；高中阶段实际上是由未成年人向成年人过渡的准备阶段，这一阶段的法治教育重点是让学生明确我国公民依法享有的权利和依法应尽的义务以及这二者之间的关系，高中阶段的法治教育既是对初中和小学法治教育的深化与提升，也是大学法治教育的预备。

大学阶段的法治教育是在小学、初中和高中阶段法治教育的基础上进行的。结合大学生思维能力的进一步提升及其由未成年人向成年人的身份转变，大学一年级思想道德与法治课的法治教育应该更侧重于夯实法治理论功底和培养正确的法治思维模式。引导学生明确自己已经完成从未成年人向成年人的过渡，自己与社会、与法律之间的关系发生了转变，从而使其意识到自己身上应当承担的责任和使命也发生了变化。在此阶段，同学们应该在科学的法治理论指导下以及法治思维的驱动下，对我国全面依法治国及中国特色社会主义法治道路有更深刻的理性认识，自觉坚持中国特色社会主义法治道路，弘扬社会主义法治精神。

四、教学目标

（一）知识目标

把握习近平法治思想的主要内容和重要意义，理解坚定不移走中国特色社会主义法治道路是全面依法治国的唯一正确道路，了解建设中国特色社会主义法治体系的有效措施，明确深化依法治国实践的具体路径。

（二）思政目标

通过梳理中国特色社会主义法治道路的历史根源以及厘清中国特色社会主义法治道路的本质特征，让学生能够自觉认同中国特色社会主义法治道路，树立起坚持走中国特色社会主义法治道路的信念与信心，成为社会主义法治精神的弘扬者。

（三）能力目标

增强对中国特色社会主义法治道路的内心认同，进一步提升尊法、学法、守法、用法能力。

（四）实践目标

在实践和生活中尊法、学法、守法、用法，能够自觉成为我国法律的捍卫者、坚持走中国特色社会主义法治道路的践行者。

五、教学重点难点

（一）设计思路

本课教学重点是知识目标基础上的情感目标的达成，并在此过程中完成学生能力目标的训练。

（二）具体展开

1. 教学重点：让学生正确认识中国特色社会主义法治道路的根源与本质特征，自觉坚持中国特色社会主义法治道路，成为社会主义法治精神的弘扬者。

2. 教学难点：让学生用历史与现实的思维方法来分析和认识中国特色社会主义法治道路的根源与本质特征，用长远与当下、传承与借鉴相统一的方法来正确看待中国特色社会主义法治道路前进性与曲折性相统一的特性。

（三）教学重难点分析

针对学生的学段特征，为了能够顺利地从知识目标上升到情感目标，就必须做到"坚持政治性和学理性相统一，以透彻的学理分析回应学生，以彻底的思想理论说服学生，用真理的强大力量引导学生"。因此，本课的难点就在于，突破理论讲解的抽象性。鉴于此，本次课采用的讲授方法是从历史与现实两个维度来分析中国特色社会主义法治道路是什么以及为什么要坚持走中国特色社会主义法治道路。在此基础上，采用长远与当下相结合、传承与借鉴相统一的方法来分析我们该如何坚持走中国特色社会主义法治道路。以全面的角度、丰富的层次对目标理论进行全方位、多层次地剖析，让学生真正体验到理论的逻辑魅力、实践魅力、信仰魅力和价值魅力，从而自觉产生对目标理论的认同感、信念感，最终成为目标理论的自觉践行者与坚定弘扬者。

六、教学设计总体思路

（一）专业内容与思政典型案例的精心打造——优化内容供给

将课程教学目标的教育性、知识性、技能性相互交融，将学生的专业技能培训与激发个人理想、社会责任感有机结合，在教学过程中体现学科的科学素养与人文素养。

（二）课堂组织形式和教学模式的探索与丰富——确保教学效果

改变传统教学模式，引入启发式、嵌入式以及课堂互动教学方式等新型教学模式，适当采用网络互动、视频教学、分组讨论、翻转课堂等新型教学方法；通过视频教学、实地参观、访谈等实践模式，引导学生树立家国情怀、勇于承担社会责任、塑造工匠精神等。

（三）课程考核方式的优化及考核标准的细化——体现思政成效

将传统的以期末考试为主要方式的课程考核，修订为平时成绩占比30%、期末论文占比70%。注重对学生平时学习表现的考核，重点考核出勤率、小组讨论及课后思考题的回答情况、自主学习能力等方面，如：积极回答问题、参加讨论每次加1分，开放式课后作业每次加2分，期末论文选择开放性的题目，学生可任选某一专题撰写一篇科技小论文。在考核标准方面，一方面考查学生的自学能力、逻辑思维及科技论文写作能力（占比60%），同时考察学生的科学精神、创新精神和品格、责任感等方面的达标情况（占比40%）。思政教学效果在学生的期末论文和课后反馈中得到良好体现。

七、教学过程

（一）教学流程设计

环节一：指向"启发激思"的导入

教师活动：通过对《中华人民共和国民法典》的简单介绍，引出中国特色社会主义法治道路对于我国推进全面依法治国、建设社会主义法治国家至关重要的意义。在此基础上，提出本课要解决的问题链上的三个问题：中国特色社会主义法治道路究竟是一条什么样的路？为什么必须坚持走中国特色社会主义法治道路？我们该如何坚持走中国特色社会主义法治道路？

学生活动：在教师的引导下，积极思考民法典与我国社会主义法治道路之间的密切联系，最后将目光聚焦在教师提出的一个问题上。

设计意图：通过介绍民法典与中国特色社会主义法治道路之间的联系，一方面引出本次大中小思政课一体化的主线——民法典，另一方面，从民法典引出中国特色社会主义法治道路以及由此产生的三个问题。这在逻辑上是通顺的，能够让学生更好地将本次课的焦点聚焦到我们要解决的三个问题上，为本课知识目标、情感目标以及能力目标的达成做好铺垫。

环节二：【识对路】启发式问题链1：中国特色社会主义法治道路是一条什么样的路？

教师活动：通过阐述法治与政治之间的关系，让学生了解中国特色社会主义法治道路的本质，即中国特色社会主义法治道路在本质上是中国特色社会主义道路在法治领域的具体体现，因而，中国特色社会主义法治道路的核心要义，就是要坚持党的领导，坚持中国特色社会主义制度，贯彻中国特色社会主义法治理论，这充分体现了我国社会主义性质，具有鲜明的中国特色、实践特色、时代特色。

学生活动：认真听教师的阐述，并跟随教师的讲述，积极思考中国特色社会主义法治道路与我国的社会主义制度之间的关系。

设计意图：为达成本次课的情感目标与能力目标，必须首先达成知识目标。因此，先掌握中国特色社会主义法治道路的本质，是解决后面为什么坚持和如何坚持两个问题的前提。

环节三：【问好路】启发式问题链2：为什么必须坚持走中国特色社会主义法治道路？

教师活动：要准确回答这一问题，还需要深入历史与现实中去寻找答案。

（1）从历史维度讲清楚走中国特色社会主义法治道路是历史的必然结论。从近代以来，尤其是中国共产党成立以后，党带领全国人民经过长期实践和艰苦探索，终于摸索出一条符合中国发展的中国特色社会主义法治道路。经过历史与实践的检验，这是推进全面依法治国的唯一正确的道路。

（2）从现实的维度讲清楚坚持走中国特色社会主义法治道路的现实必然性。一方面，我国的政治制度决定了在我国进行法治建设只能走中国特色社会主义法治道路；另一方面，我国的基本国情也决定了我们必须走中国特色社会主义法治道路。

学生活动：不仅要跟随教师一起深入理解坚持走中国特色社会主义法治道路的必然性，还要在这个过程中体会历史与现实相结合的思维方法。

设计意图：从知识目标上升到情感目标，必须让学生真听真信，而要做到这一点，就必须用充分的史实和严密的逻辑来展现理论的魅力。从历史与现实的维度来解释中国特色社会主义法治道路的必然性，一方面阐释了这条道路的历史轨迹，另一方面也揭示了这条道路的现实基础，能够让学生们产生信服感。

环节四：【寻准路】启发式问题链3：我们该如何坚持走中国特色社会主义法治道路？

教师活动：一方面通过长远与当下相结合的方法，让学生既要看到中国特色社会主义法治道路的光明前景，也要充分认识到这条道路的曲折性，并树立起坚定的信念和信心、培养出战略定力与历史耐心。

另一方面，通过传承与借鉴相统一，让学生了解在坚持中国特色社会主义法治道路的过程中，我们应该如何对待自己的历史文化传统以及世界其他的法治建设成果。

学生活动：积极思考、合作探究，并体会长远与当下相结合、传承与借鉴相统一的思维方法在坚持走中国特色社会主义法治道路中发挥的积极作用。

设计意图：理论的价值在于指导实践。此环节是在知识目标和能力目标的基础上，让学生达成情感目标的必要环节。只有充分认识到了前进性与曲折性的统一，知道了应该如何对待我们的历史文化传统以及世界上其他文明成果，我们才能将此课的情感目标落到实处，才能将问题链1和问题链2的价值得以充分发挥。

环节五：指向"价值提升"的启发总结

教师活动：学生开启了自己人生的新阶段。从现在起，必须担负起时代赋予的使命与担当，坚持中国特色社会主义法治道路，自觉成为中国特色社会主义法治道路的践行者和社会主义法治精神的弘扬者,为实现中华民族伟大复兴中国梦保驾护航!

学生活动:积极互动,感受自己成年后与未成年的区别,思考时代赋予的使命与担当,将学习到的理论转化为指导自己实践的指南。

设计意图:此价值提升环节,主要目的是让学生在正确掌握理论的基础上,能够自觉成为我国法律的捍卫者、坚持走中国特色社会主义法治道路的践行者以及社会主义法治精神的弘扬者。

(二)作业设计

1. 思考题

如何理解中国法治给解决世界难题提供了新思路和新范式?

2. 社会实践要求与建议

(1)网上学习全国"两会"

了解"两会"进程、代表和委员建言、表决并通过的决议草案,提高对我国人民代表大会制度的理解和认识,加深对依法治国、以人民为中心的理解,多关注社会现实,做一个有社会责任感的大学生。

(2)调查一个村委会或居委会的民主法治建设现状

走进农村基层或城市社区,了解基层民主法治的发展和现状,探究基层民主进程中存在的问题与对策。

(三)参考资料

[1] 毛泽东:《论人民民主专政》,人民出版社,1960年。

[2] 中国法制出版社:《民法典及司法解释》,中国法制出版社,2022年。

[3] 习近平:《加快建设社会主义法治国家》,《求是》,2015年第1期。

八、教学总结与反思

针对大学本科一年级新生的学段特征及成长特点,本次专题课主要采用了用理论来讲解理论的形式,尝试用理论的逻辑魅力、真理魅力、实践魅力来感染学生,激发学生对所学理论自觉的认同感和信念感。教学实践证明,这一形式对于大多数在高中打下了良好理论基础的学生是可以接受的，并且获得了较好的教学效果，学生也能够比较顺利地实现从知识目标的达成上升到情感目标的达成。但是对于理论基础较弱甚至是高中没有学习过相关课程的学生来说，这一形式接受起来就比较吃力，甚至会对所学理论产生排斥心理。这就需要教师在进行课堂教学前，必须预先进行精准的学情分析，针对不同基础的学生采用最合适的教学形式与方法，以期达到最佳课堂教学效果。

后 记

本书围绕"法治中国建设"这一主题，按照小学、初中、高中、大学四个学段的顺序，精心整理了28篇辽宁省"大中小学思政课一体化建设"专题教学设计案例征集活动中的优秀作品。编者根据自身工作实际，参考优秀案例成果，经合理设计、创新后汇编成册。这些案例覆盖了日常生活中的法律、公民与国籍、维护宪法权威、社会主义法律的特征与运行、法治建设、文明守法、婚姻家庭中的法律等多个方面，体现了教育的全面性和时代性。每篇教学设计包含课程基本信息、教学设计概述、学情分析、教学目标、教学重点难点、教学设计总体思路、教学过程以及教学总结与反思等内容，帮助广大教育工作者在思想政治理论课课程资源开发的基础上，通过多次课堂实测，更加完善和提升课程质量，实现更高更好的教学效果。教学设计中巧妙加入了学生感兴趣的内容，与思想政治教育相关理论有效联系起来，在帮助学生理解深刻内涵的同时，加深思想政治教育理论对认知活动的良性指导作用。通过这些教学设计案例，我们旨在展现如何将法治中国建设有效融入到日常的思想政治教育中，加深学生对宪法和法律的认识，维护宪法尊严，自觉遵守法律，增强学生的大局意识和规矩意识，并使之成为提升学生识别能力、思辨能力和实践能力的有效途径。

主编钱英伟负责本书的策划、组织和编辑等工作，制订了详细的编写计划，协调各方资源，对案例进行仔细审查，提出修改意见，监督编写进度，对书籍的质量进行严格把关。主编张卫平、苛海彬具体执行编写计划，进行案例选择与编排，对文本内容进行深度审阅，关注作品的逻辑结构，润色和校对文字，处理图片和图表的插入，进行格式调整和排版设计，确保成品的准确性和完整性。参与编写教学案例的老师还有胡英东、孙瑜、周佳慧、孙特淇、杨向煜、李剑颖、张双、崔慧敏、李华、姜红、孟鹏、王婷、高旭、张弛、刘晓川、谢易红、朱迪、王小一、姜禄禄、张莉莉、孙雪、王元明、王雨虹、董蕾、刘凌宇、张秋实、曲烽等。衷心感谢所有参与案例编写的教师，正是因为有了大家的共同努力和不懈追求，才有了今天的成果。

在编著此书的过程中，我们深刻体会到，讲台上的精彩，不仅仅是教学方法的突破，更重要的是教师理想信念、知识素养、育人情怀和教学技能的综合展现，教育不仅仅是知识的传递，更重要的是价值观的塑造和责任感的培养。尤其是在当前全球化和信息化迅速发展的背景下，加强法治中国建设，提升遵法守法意识，培养法治思维显得尤为重要。因此，本书不仅注重理论知识的系统传授，还特别强调实践性和互动性，鼓励教师和学生在教与学的过程中共同探讨、共同成长。

本书在编著过程中，参考了一些大中小学思想政治教育一体化建设、教学设计编写、教学方法创新的案例、著作、论文以及相关的研究文献，谨致诚挚的谢意。本书获辽宁工业大学马克思主义学院学术著作出版资助，在此，我们一并致以衷心的感谢。

大中小学思想政治教育一体化建设的深入推进为编著出版《法治中国建设融入大中小学思想政治理论课一体化教学设计案例集》创造了条件，也发出了呼唤。我们谨用这本书表达新时代思政课教师回应时代呼唤的努力、推动专业建设的执着。限于编者水平，书中难免存在不完善的地方，恳请同行专家、学者和广大读者惠于批评指正。

编者
2024 年 10 月